Martin Werlen OSB (Hg.)

Auf der Suche nach dem Eigentlichen

HERDER spektrum

Band 5422

Das Buch

„Wie kommt man zu sich selbst? Man kann sich nächtelang vor einen Spiegel stellen. Man kann um Patagonien rudern. Um zu sich zu kommen, braucht es solche Anstrengungen nicht. Man muss nur in die Stille reisen" (Michael Winter). Dieses Buch zeigt: Um in die Stille zu reisen, dazu bedarf es keiner Weltreise, und man muss nicht in entlegene Gegenden flüchten. Stille – und eine ganz andere Art zu leben – gibt es oft ganz in unserer Nähe. Immer mehr Menschen suchen dieses Abenteuer der Begegnung mit sich selber – und einer anderen Art zu leben: im Kloster und auf Zeit. Immer mehr Menschen nutzen die Chance, als Gäste einige Tage oder sogar Wochen mit den Mönchen oder Nonnen den Tageslauf zu teilen. Kloster auf Zeit ist nichts Neues. Die Klöster haben die Gastfreundschaft von jeher groß geschrieben. Schon der heilige Benedikt schrieb in seiner Mönchsregel im 6. Jahrhundert, dass es im Kloster nie an Gästen fehlen darf. Er setzt den Gast mit Christus gleich. Und im Kloster Einsiedeln sind noch heute neben der Tür des Abts die Zimmer für die Gäste. In einer anderen Welt aufgenommen, wertgeschätzt sein – und doch zu sich zu kommen, das ist eine Erfahrung, die prägt. Klöster sind für viele faszinierend – gerade weil sie dem Gewohnten auf irritierende Weise entgegenstehen. Die hier gelebten Werte fallen aus dem Wertekanon der Gesellschaft heraus. Der Lebensrhythmus und die Lebensausrichtung der Mönche halten unserem hektischen Treiben nicht nur einen Spiegel vor. Sie werden von immer mehr Suchenden auch als heilsame Alternative zum Alltag erlebt. In der Stille Kraft tanken, sich mit dem zu konfrontieren, was eigentlich wichtig ist und oft zu kurz kommt. In einem Raum der Stille sich von alten Zwängen freizumachen, klarer sehen zu lernen, Entscheidungen reifen zu lassen, kurz: „ein Dach über die Seele" (Friedemann Fichtl) zu bekommen: Das ist die Chance des „Klosters auf Zeit". Spannende Berichte von einer Welt hinter der Welt, in der doch das Eigentliche begegnen kann.

Der Herausgeber

Martin Werlen OSB, geb. 1962 im Walliser Dorf Obergesteln, wurde am 10. November 2001 zum 58. Abt des Klosters Einsiedeln gewählt. Er trat 1983 ins Kloster ein. Nach dem Studium der Theologie und der Psychologie war er Novizenmeister, Internatsleiter und Studienpräfekt der Theologischen Schule. Er unterrichtet auch als Abt am Gymnasium und an der Theologischen Schule und ist Mitglied der Schweizer Bischofskonferenz. Rege Vortragstätigkeit im In- und Ausland.

Martin Werlen OSB (Hg.)

Auf der Suche nach dem Eigentlichen

Zu Gast in der Stille des Klosters

HERDER

FREIBURG · BASEL · WIEN

Originalausgabe

Gedruckt auf umweltfreundlichem,
chlorfrei gebleichtem Papier

Alle Rechte vorbehalten – Printed in Germany
© Verlag Herder Freiburg im Breisgau 2003
www.herder.de
Satz: Dtp-Satzservice Peter Huber, Freiburg
Herstellung: fgb · freiburger graphische betriebe 2003
www.fgb.de
Umschlaggestaltung und Konzeption:
R·M·E München / Roland Eschlbeck, Liana Tuchel
Umschlagmotiv: © Werner Richner
Foto des Herausgebers: © Kloster Einsiedeln
ISBN 3-451-05422-1

Inhalt

Faszination und Irritation von Klöstern
Vorwort

von Abt Martin Werlen OSB

Kloster auf Zeit – (k)eine Modeerscheinung

es ist „in", sich für eine begrenzte Zeit in ein Kloster zurückzuziehen. „Eine Modeerscheinung", ist man versucht zu sagen. Das aber greift zu kurz. Der hl. Benedikt schreibt in seiner Mönchsregel bereits im 6. Jahrhundert, dass es im Kloster nie an Gästen fehlen darf. Er zählt sogar einzelne Personengruppen auf: Fremde, Pilger, Menschen, die mit uns im Glauben verbunden sind, Arme. Kloster auf Zeit ist also nichts Neues. Die Gastfreundschaft gehört zu den grundlegenden Aufgaben der Klöster.

Im Laufe der Jahrhunderte hat sich diese Aufgabe immer wieder verändert. Es gab Zeiten, in denen die Gäste vor allem aus der oberen Gesellschaftsschicht kamen. Die anderen konnten sich das Reisen kaum leisten. Heute klopfen Menschen aus allen Bevölkerungsschichten und Altersgruppen an die Klosterpforte. Hat man dies vor zwanzig Jahren noch eher im Verborgenen getan, braucht sich heute deswegen niemand mehr zu schämen. Und trotzdem: Die meisten behalten eine solche Absicht für sich oder sprechen darüber nur im engsten Freundeskreis. Umso erstaunter sind sie, dass sie normalerweise nicht allein als Gast im Kloster sind. Viele haben im Kloster eine Heimat gefunden, die sie immer wieder aufsuchen.

Die Faszination und Irritation von Klöstern

Klöster faszinieren und irritieren. Millionen von Menschen machen sich allein in den deutschsprachigen Ländern jedes Jahr auf den Weg, um Klöster zu besichtigen. Und doch haben viele Klöster Nachwuchsprobleme. In den Medien spiegelt sich die Faszination und Irritation in exemplarischer Weise. Berichte über Klöster und Ordensleute sind offensichtlich gefragt, wenn auch nicht viele ihre Lebensweise für immer teilen möchten.

Schon die Existenz eines Klosters ist eine nicht zu überhörende Anfrage an die Lebenshaltung vieler Menschen. Hier werden in aller Selbstverständlichkeit und doch unaufdringlich Werte in den Vordergrund gestellt, die im Alltag sehr oft ein Schattendasein führen: Gebet, Gemeinschaft, Disziplin, Regelmäßigkeit, Stille, Treue, Dienstbereitschaft, Demut, Gehorsam, Bescheidenheit.

„Dass es so etwas heute noch gibt!", meint manch einer erstaunt. Und meistens ist er dankbar, dass er erfahren durfte, dass es so etwas noch gibt. Zumindest den Autorinnen und Autoren dieses Büchleins ist es so ergangen. Sie berichten von Faszinierendem und Irritierendem, das sie hinter Klostermauern erlebt haben. Warum sind sie dorthin gegangen?

Klöster als Orte der Suche nach dem Eigentlichen

„Wer ist der Mensch, der das Leben sucht und gute Tage zu sehen wünscht?" So fragt der hl. Benedikt mit den Worten des Psalmisten am Anfang seiner Mönchsregel. Er appelliert damit an die Sehnsucht des Menschen. Der Mensch ist suchend – er sucht nach dem Eigentlichen. Dabei macht er oft viele Umwege. Benedikt selbst hat dies zur Genüge erfahren. Er musste in seinem Leben viele Enttäuschungen erleben. Und gerade darin hat er entdeckt, dass er nach dem Eigentlichen sucht: Was hält wirklich, was es verspricht? Worauf kann ich mich wirklich verlassen?

Auf dem Weg der Suche nach dem Eigentlichen ist jede Enttäuschung – so schmerzlich sie auch sein mag – eine wertvolle Etappe. Jede Ent-Täuschung macht uns darauf aufmerksam, dass wir unsere Hoffnung an etwas gehängt haben, das nicht das Eigentliche ist. Wir sind einer Täuschung erlegen – und jetzt enttäuscht, das heißt: dem Eigentlichen ein wenig näher. In solchen Momenten können wir unsere Suche resigniert aufgeben und uns zur Ablenkung in Nebensächliches stürzen. Das passiert leider nicht selten. Wir können aber auch offen werden für eine gezieltere Suche nach dem Eigentlichen. Wie recht hatte Mark Twain, als er schrieb: „Ohne Illusionen wird das Leben zum Existieren." Das Leben gewinnt an Spannung und Lust, je mehr wir auf der Suche nach dem Eigentlichen sind.

Immer mehr Menschen unserer Zeit klopfen an Klöstern an. Sie wollen sich nicht mit der Oberflächlichkeit des Alltags zufrieden geben. Sie erwarten vom Leben mehr. Sie wollen nicht nur funktionieren, sondern leben. Sie wollen die Lebenslust nicht nur aufs Wochenende verschieben, um dann allzu oft nicht einmal Lebenslust, sondern Lebensfrust zu erleben.

Klöster sind für viele Garanten der Suche nach dem Eigentlichen. Damit wird ein Kloster in seinem Wesen wahrgenommen. Mönche und Nonnen sind nicht Angekommene, sondern Suchende. Der hl. Benedikt definiert den Mönch als Menschen, der Gott sucht. Klöster sind auch heute Orte der Suche nach dem Leben, nach dem, der allein Leben in Fülle schenken kann.

Fremd und doch vertraut

Allerdings ist die Kontaktaufnahme mit einem Kloster nicht immer ganz einfach. Die Hemmschwelle ist nicht für jeden Menschen leicht zu überschreiten. Am einfachsten geht es, wenn man ein Mitglied einer Klostergemeinschaft kennt oder jemanden, der bereits einmal die Erfahrung eines Klosteraufenthalts gemacht hat. Ansonsten muss man es wagen, mit einer doch eher fremden Welt Kontakt aufzunehmen.

Das Kloster ist zunächst einmal eine fremde Welt. Die Gäste begegnen viel Neuem: Menschen, Riten, Symbolen, Wörtern, Räumen. Es ist nicht einfach, in kurzer Zeit einen guten Einblick zu erhalten. Beim ersten Besuch kann alles recht verwirrend sein – sogar die Klostergeographie. Solche Erfahrungen spiegeln sich natürlich auch in den Berichten wider, die gerade als Schilderung der subjektiven Wahrnehmungen die Leserin oder den Leser ansprechen wollen. Das kann in dem einen oder anderen Fall auch für die Leser verwirrend wirken.

Insider können sich an solchen Schönheitsfehlern aufhalten und sich darüber ärgern. Aber gerade für Insider können die subjektiven Schilderungen ein Spiegel für unser Auftreten, Leben und Wirken sein: So werden wir von Menschen wahrgenommen, die bei uns Tage oder Wochen verbringen!

Die meisten Menschen, die einige Tage in einem Kloster verbringen, erleben eine grosse Ent-Täuschung: Ein Kloster ist ganz anders, als man sich das vorgestellt hat. Jeder Mensch ist ein Original – gerade dies erwarten viele aber in einer Klostergemeinschaft nicht.

Sicher ist: Wer in einer Klostergemeinschaft lebt, kann jeden Tag ausgeprägten Individuen begegnen. Vielleicht war der englische Schriftsteller G. K. Chesterton auch in einem Kloster zu Besuch, als ihm der treffende Ausspruch einfiel: „Gott hat Humor, denn er hat den Menschen erschaffen."

Der Gast kann auch enttäuscht sein, wenn er im Kloster negativen Haltungen begegnet. Alles, was es davon außerhalb der Klostermauern gibt, ist auch innerhalb der Mauern zu finden. Es geht schließlich immer um den gleichen Menschen. Auch im Kloster gibt es Unzufriedenheit, Nörgeln, Eigensinn. Bereits Benedikt wusste ein Liedchen davon zu singen. Und doch gibt es trotz aller Verschiedenheit und trotz aller menschlichen Unzulänglichkeiten einen gemeinsamen Bezugspunkt, der die Gemeinschaft zusammenhält: Sie alle suchen, dem gleichen Herrn zu dienen. Sie versuchen sich selbst und den anderen immer wieder neu eine Chance zu geben, weil auch Gott uns nie fallen lässt.

Die meisten Menschen können im Kloster die Erfahrung machen, dass auch das eigene Leben ganz anders ist, als man es sich vorgestellt hat: faszinierend und irritierend. Die Faszination besteht darin, dass plötzlich viele Facetten des eigenen Lebens aufscheinen, die man bisher kaum kannte. Viele Gäste kommen mit ihrer Mitte in Kontakt, die vorher unter dem Alltagsschutt vergraben war. Irritierend aber ist das Bewusstwerden von Illusionen, die das Leben behindern. Sich dem zu stellen und von eingespielten Lebensmustern Abstand zu nehmen, ist alles andere als einfach. Es braucht Überwindung, die Schwelle eines Klosters zu überschreiten, aber mehr noch braucht es Mut, die Schwelle der eigenen Illusionen zu überschreiten und sich überraschen zu lassen.

Eine verpasste Chance ist es jeweils, wenn Gäste schon so mit Arbeit und Aufgaben abgesichert an die Klosterpforte treten, dass sie mit dem Faszinierenden und Irritierenden des eigenen Lebens kaum in Kontakt kommen. Wenn sie sich verabschieden, können sie vielleicht auf eine produktive Zeit zurückschauen. Ihr Aufgabenberg hat sich womöglich ein wenig verringert, aber gewandelt hat sich in ihrem Leben kaum etwas. Die Suche nach dem Eigentlichen hat sie zwar den Kontakt mit einem Kloster aufnehmen lassen, aber die Angst vor einer Konfrontation mit dem eigenen Leben war stärker. Dieses Ringen zwischen der Sehnsucht und der Angst kommt auch in den verschiedenen Beiträgen in diesem Büchlein zum Vorschein.

Gastgeber und Beschenkte

Benedikt ergreift ganz klar Position für die Gäste. Sie sollen wie Christus empfangen und aufgenommen werden. Allerdings behält Benedikt dabei aber auch die Möglichkeiten und das Wohl der Gemeinschaft im Auge. Die Beherbergungsmöglichkeiten sind begrenzt. Die Gemeinschaft darf nicht in den Gästen aufgehen. Nicht alle Menschen fühlen sich in einem Kloster wohl. Es gibt kein Anrecht auf Aufnahme. Das stößt manchmal auf großes Unverständnis. Und doch kann auch dies eine heilsame Enttäuschung sein: Selbst Klöster können nicht alle Erwartungen erfüllen.

Die in diesem Büchlein gesammelten Zeugnisse von Menschen zeigen, dass viele Gäste als Beschenkte weggehen. Beschenkt ist aber auch die Gemeinschaft selbst. Sie darf in den Gästen Christus willkommen heißen und ihm dienen.

Wir haben auch zwei bereits früher erschienene Texte amerikanischer Autoren aufgenommen, die meisten der Beiträge stammen aber aus dem deutschsprachigen Raum und wurden eigens für diese Publikation verfasst. In ihrer Gesamtheit zeigen sie: Weil es nicht nur *ein* Kloster gibt, sondern jedes seine eigene Prägung hat und weil jeder Mensch ein Original ist, darum sind auch die in diesem Buch gesammelten Berichte über „Kloster auf Zeit" sehr verschieden. Und doch ist allen eines gemeinsam: die Suche nach dem Eigentlichen. Es ist meine Hoffnung, dass auch die Leserinnen und Leser dieses Büchleins beschenkt werden. Vielleicht wird dadurch auch ihre Sehnsucht nach dem Eigentlichen geweckt. Vielleicht haben sie sogar den Mut, dieser Suche in einem Kloster nachzugehen.

Und wer weiß: Vielleicht entdecken Gäste unserer Klöster, dass ein solcher Ort nicht nur für eine begrenzte Zeit Ort der Suche nach dem Eigentlichen ist, sondern zum konkreten Ort der Nachfolge Jesu Christi werden kann. Denn nur wenn Gott auch heute Menschen an einen solchen Ort beruft und wenn Menschen auf diesen Ruf mit ihrem ganzen Leben antworten, können Klöster auch in Zukunft Orte der Suche nach dem Eigentlichen bleiben.

Haus der Stille – hin und zurück
Begegnung mit einer Kultur des Seins

von Jakob Paul Gillmann

Prolog

altweibersommer. Wir wandern von Sörenberg nach Flühli, meine Frau und ich. Dort erwarten wir den Bus. Und weil wir noch etwas Zeit übrig haben, steigen wir den Weg zur Kirche empor. Zum Friedhof. Wir gehen durch die Gräberreihen, lesen Namen von den Steinen und erkennen, welche die Einheimischen sind. Wir treten in die Kirche ein. Am Bücherstand liegen ein paar Prospekte auf: Haus der Stille. Kapuzinerkloster. Altdorf. Eine Einladung für einen Aufenthalt auf Zeit. Später, auf der Fahrt nach Schüpfheim, wende ich mich an meine Frau.

„Das würde mich auch mal interessieren", sage ich.

Lampenfieber

Ich hole den Koffer vom Dachboden.
Er ist leicht angestaubt, die letzte Reise liegt schon länger zurück.
„Ich packe jetzt", sage ich.
„Ist gut", erwidert meine Frau, „ich habe dir die Wäsche bereitgelegt."
„Meinst du, dass ich das alles brauche?", frage ich.
„Ich denke schon", sagt sie.
„Aber sicher nicht drei Hosen", sage ich. „Im Kloster".
„Dann häng eben ein Paar in den Schaft zurück."
Ich packe jetzt.
Kleider.
Wäsche; Unter- und Frottier-.
Socken. Hausschuhe. Necessaire.
Und: Laptop.
Und: Bücher.
Walser, Bichsel, Dürrenmatt.
Traust wohl der Stille nicht über den Weg?

Hast Respekt vor ihr.
Lampenfieber.
Willst ihr zu Leibe rücken.
Laptop – Bücher.
Beschäftigungsprogramm!

Postskriptum
Nach meiner Ankunft im Kloster werde ich feststellen, dass ich wieder einmal zu viel eingepackt habe. Die ganze Frottierwäsche zum Beispiel. Die wird hier samt und sonders zur Verfügung gestellt. Und die Bücher. Es gibt eine Bibliothek.

Am Fenster (1)

Der Zug fährt an.
Auf dem Bahnsteig geht meine Frau noch ein paar Schritte mit.
Sie winkt.
Ich winke zurück.
Dann verliere ich sie aus den Augen.
Und sie mich.
Ich lehne mich zurück. Blicke zum Fenster hinaus.
Häuser fliegen vorbei.
Dörfer. Felder. Wälder.
„Kaffee, Schoggola, Sandwich, Bier."
„Möchtest du was?", sagt eine Frau zur anderen im Abteil vis à vis.
Die Stimme bleibt stehen. Und die Minibar mit ihr.
„Nein", sagt die andere.
„Danke, nein", sagt diese.
Die Stimme geht weiter.
„Kaffee. Schoggola. Sandwich. Bier."
„Jetzt fahre ich einfach vorwärts", sagt die eine, „und du fährst mit dem Rücken voran".
„Macht nichts, mir wird überhaupt nicht übel dabei."
„Auch mir macht es nichts aus. Wir könnten also ganz gut tauschen."
„So lass doch, nein."
„Ich dachte bloß", sagt die eine.
„Bestimmt nicht", sagt die andere. „Obwohl ich, wenn ich durch

eine Landschaft reise, die ich noch nicht kenne, doch lieber vorwärts fahre. Vorwärts fahrend bekommt man von einem Landstrich viel mehr mit, als wenn man alles erst zu Gesicht bekommt, wenn es schon vorüber ist. Wenn du rückwärts fährst, tauchst du die ganze Zeit aus einer Landschaft auf, in die du noch gar nicht eingedrungen bist."

„Ja", sagt die eine. „Das ist so. Ganz genau."

„Ja?", frage ich mich. „Ist das so? Ganz genau?"

Flüelen

Der Zug hält an. Leute steigen aus. Beeilen sich. Ich halte Ausschau nach Männern, die auch zum Kloster unterwegs sein könnten. Koffer, Rucksäcke, Reisetaschen wären Indizien dafür. Wir gehen durch die Unterführung zum Platz, wo die Busse warten.

‚Schattdorf' ist einer angeschrieben.

„Fahren Sie nach Altdorf?", fragt einer in Basler Dialekt den Chauffeur.

„Ja."

Ich bin froh um die Bestätigung, lasse mir das aber nicht anmerken. Wir steigen ein.

Der Frager hat einen Rucksack angehängt.

„Ob der auch kommt?", denke ich.

Ich setze mich.

Der Basler setzt sich auch, ganz in meiner Nähe.

Ich blicke zum Fenster hinaus.

Es bläst ein heftiger Wind.

Der Föhn. Der älteste Urner, wie man sagt.

Der Motor springt an.

Die Türen schließen sich.

Der Bus setzt sich in Bewegung.

Es ist still.

Plötzlich wendet sich der Basler zu mir: „Gehen Sie auch ins Kloster?".

Ich nicke.

„Ja", sage ich.

Tobias

Bitte nur einmal läuten. Sie hören die Glocke nicht.
Ich ziehe am hölzernen Kreuz neben der Tür.
Ein Mal.
Wir warten.
Der Basler und ich.
Es dauert.
Vor uns die Tür.
Daneben ein blaues Schild mit weißen Chiffren. 22.
Klosterweg 22.
Hinter uns – im Vorhof – ein prächtiger Baum.
Ein mächtiger Baum.
Eine Linde.
Eine Sitzbank darum.
„Sind Sie katholisch", fragt der Basler.
„Ja", sage ich. „Sie?"
„Ich bin reformiert."
„Auch gut", sage ich.
„Und ich bin nervös", sagt er. „Irgendwie nervös. Ich war meiner Leb-
tag lang noch nie in einem Kloster."
Ob wir noch einmal die Glocke ziehen sollen?
Nein, besser nicht.
„Ich auch nicht", sage ich. „Ich war auch noch nie in einem Kloster."
„Dieser Wind", sagt der Basler, „wie der pfeift!"
„Der Föhn", sage ich. „Der älteste Urner."
„Im Kanton Uri war ich auch noch nie", sagt der Basler.
„Tatsächlich?", sage ich.
„Oder doch. Auf der Durchfahrt. In Richtung Süden."
Die Türe geht auf.
Ein Mönch in brauner Kutte und mit schulterlangem grauem Haar
steht vor uns.
„Guten Tag", sagt der Mönch.
„Guten Tag", sagen wir.
„Willkommen im Haus der Stille", sagt der Mönch. „Ich bin der Bru-
der Tobias."

Postskriptum

Wir werden bald erfahren, dass Bruder Tobias der gute Geist des Hauses ist.

Tobias kocht. Tobias wäscht. Tobias bügelt. Tobias singt vor.

Tobias kocht Konfitüre ein.

Tobias pflückt – wenn's Zeit ist – die Blüten von der Linde.

San Damiano

„Hier", sagt Tobias, „dein Zimmer."

An der Türe ein Schild: San Damiano.

„San Damiano", sage ich. „Ein schöner Name."

Tobias lächelt. „Da hat der hl. Franz gewirkt."

„Der Franz von Assisi?"

Tobias nickt. „Um halb fünf holt dich Bruder Josef ab. Für einen Rundgang durchs Haus. Und um sechs Uhr steht das Abendessen bereit."

„Danke", sage ich und trete in mein Refugium ein.

San Damiano.

Ich stelle den Koffer ab, atme durch, schließe die Tür.

Und ich schaue mich um.

Ein Bett. Ein Nachttisch. Auf ihm eine Lampe. Daneben ein Wecker. Es ist kurz vor vier. Die Weckzeit auf halb sechs gestellt. Ein Pult. Ein Holzstuhl mit Kissen. Auf dem Pult eine Schreibunterlage. Eine Lampe. Ein Telefon. Die Bibel. Ein Schlüssel. Ein Merkblatt. Ein Polstersessel. Wandschränke. In einen eingebaut ein Lavabo. Warm- und Kaltwasser. Die Seifenschale. Seife. Zahnglas. Spiegel. Auf dem Parkett ein gewobener Teppich. Grün. An den Wänden ein Aquarell. Toskana. Das Kreuz. Eine Ikone. Zwei Fenster gegen den Klosterhof hin. Die Vorhänge blau, zur Seite gezogen.

Durch die Fenster fällt das Licht in zwei schmalen Streifen ins Zimmer.

Ich sinke in den Sessel, ziehe ein kleines Heft und einen Kugelschreiber aus der Innentasche der Jacke, schlage das Heft auf, fahre mit dem Handrücken über die erste Seite. Sie ist leer. Ich bringe die Mine des Stifts in Schreibposition.

Ich bin angekommen, kritzle ich hin. San Damiano.

Postskriptum

Auf dem Rundgang werde ich später erfahren, dass der auf dem Schreibtisch liegende Schlüssel ein Passepartout für die gesamte Klosteranlage ist.

Die Gäste genießen hier ein grenzenloses Vertrauen.

Stille (1)

Ich sitze da. Ich warte. Auf was denn? Ja, natürlich: Auf Bruder Josef. Der wird bestimmt bald kommen. Mich hier abholen. So gegen halb fünf.

Ich warte. Erwarte. Was denn? „Was suche ich eigentlich hier", frage ich mich. Im Kloster. Im Haus der Stille, wie es sich neuzeitlich nennt. Stille. Suche ich Stille? Und weshalb suche ich sie ausgerechnet hier? Bei den Kapuzinern? In Uri? In diesem engen Tal?

Ich weiß es nicht. Noch nicht. Und vielleicht werde ich es niemals erfahren. Es ist, denke ich, ein Versuch. Etwa so, wie man eine neue Arznei versucht, wenn andere nicht geholfen haben. Nützt es nichts, so schadet's wenig. Der Stille Raum verschaffen. Und die Erwartung, dass der Raum entgegenwirke.

Ich habe den Laptop dabei. Auf dessen Festplatte ein unausgereiftes Theaterstück. Ja, ich ertappe mich. Ich gebe es zu: Ich bin nicht bereit, mich der Stille bedingungslos hinzugeben. Ich trage einen geheimen Handel mit ihr aus. Ich will etwas zurück von ihr. Zurück von meiner Zeit, die ich bereit bin ihr zu schenken. Nein, nicht zu schenken. Die ich bereit bin, ihr anzuerbieten. Inspiration will ich. Umsetzen will ich. Ein Ergebnis will ich haben. Oh Stille: Du wirst es nicht leicht haben mit mir.

Ich warte. Bin auf der Lauer. Als wäre ich in einem Wartezimmer und wartete darauf, abgeholt, vorgeführt, behandelt zu werden. Gestillt.

Mich amüsiert der Gedanke, dass ich mich hier im Kloster stillen lassen will. Und wie zur Probe höre ich schon einmal auf die Laute der Stille hin.

Das Heulen des Windes.
Ein Hupen drunten im Tal.
Stimmen von irgendwo her.
Schritte im Gang.
Ein bellender Hund.
Und ein Pfiff.
Der Stundenschlag einer Uhr.
Gong Gong Gong Gong.
Es ist vier.

Rekreation

Am Tag der Ankunft steht abends Rekreation auf dem Programm.
Rekreation? Was um Himmelswillen heißt denn das? Ich nutze
die Bibliothek, schlage nach. *Rekreation: veraltet für Erholung; Er-
frischung.*
Erholung? – Von was?
Erfrischung? – Wozu?
Ich frage nach. Kennenlernabend, sagt man mir.
Man trifft sich im Speisesaal.
Mönche. Gäste.
Es ist kurz nach acht.
Und schon ist man etwas eingelebt.
Man hat das Haus besichtigt.
Man war beim Abendlob dabei.
Man hat eine Sitzmeditation mitgemacht.
Man kennt den zugewiesenen Platz im Gebetsraum.
Im Meditationsraum.
Man kennt seine Nummer auf dem Serviettenring.
Und man weiß, dass Allerheiligen hoch über Altdorf das älteste Kapu-
zinerkloster nördlich der Alpen ist.
Man versammelt sich am Tisch.
Tobias bringt Wein, stellt Gläser auf den Tisch.
Und schon kommt das Gespräch in Gang.
Es sind die Gäste, die sprechen, in erster Linie sie.
Und es sind die Kapuziner, die die Zuhörer sind, in erster Linie sie.

Positionen werden bezogen.
Wortführer setzen sich durch.
Sympathien werden verteilt, Antipathien vorgemerkt.
Für alle Fälle.
Die Außenwelt bricht durch.

Es fällt auf, wie selbstverständlich die Präsenz der Kapuziner wirkt. Offensichtlich bleibt es ihnen völlig erspart, sich in dieser Gruppe zu behaupten. Bemerkbar zu machen. Sich durchzusetzen. Sie sind einfach da. Und das genügt. Vollauf.

Remigi ist da. Als Remigi.
Martin ist auch als Banker da. Stefan als Jurist.
Josef ist da. Als Josef da. Wendelin als Wendelin.
Thomas hat ein florierendes Geschäft.
Felix ist ein Offizier.
Anton ist als Anton da.
Peter ist erfolgreich in der Politik.
Tobias ist Tobias.
Direktor Robert fliegt um die ganze Welt.
Ich bin Ingenieur. Und ein Autor dazu.
Und Emmanuel: Emmanuel ist Emmanuel.

Weshalb nur kommen wir so schnell auf unsere beruflichen Positionen zu sprechen? Auf die Positionen, die – wir sind alle schon etwas älter – gefestigt, angesehen sind. Weshalb hängen wir uns auch hier dieses zivile Etikett um? Weshalb sind wir nicht einfach Martin und Stefan. Weshalb nicht einfach Thomas, Felix und Peter. Weshalb ist Robert nicht Robert? Weshalb bin ich nicht ganz einfach ich?

„Wisst ihr, was ich einmal gewesen bin?"
Es ist Tobias' Stimme, die jetzt unaufdringlich eine Gesprächslücke füllt.
„Das erratet ihr nicht", sagt er und lacht.
„Ich war Flugzeugmechaniker."
Und er strahlt über das ganze Gesicht.

Postskriptum
Wenn ich in acht Monaten zum zweiten Mal ins Kloster Allerheiligen
komme, wird neben der Türe eine Todesanzeige angeheftet sein.
Bruder Emmanuel.
Der Jüngste der Altdorfer Klostergemeinschaft.
Herzinfarkt.

Anekdote (1)

Ein Pater erzählt eine Anekdote aus dem Urnerland: In einem abge-
legenen Seitental habe der Sigrist eines Morgens vergessen, zur Bet-
zeit zu läuten. Darauf aufmerksam gemacht, habe er entsetzt gerufen:
„Wenns doch um Gottes Willä äu nur niämmer het gheert!"
    Man lacht.
    Nachher, in der Stille, geht mir die Anekdote nicht wieder aus
dem Kopf: Wenn es doch um Gotteswillen bloß niemand gehört hat,
dass ich zu läuten vergessen habe. Dass es still geblieben ist. Wenn
doch um des Herrgottswillen niemand die Stille vernommen hat.
    Da ist etwas dran, denke ich. Etwas vom Geheimnis der Stille. Et-
was von dem, was ich suche. Das ich hier zu erfahren erhoffe. Zu er-
haschen erhoffe. Etwas von der Tiefe der Stille. Und der naive Sigrist
hat einen Blick in sie hineingetan.

Föhn

In der Nacht kommt der Föhn heftiger auf. Er pfeift und heult um
jede Ecke des verwinkelten Hauses. Es knackt im Gebälk. Irgendwo schlägt ein Fensterladen auf und zu. Geräusche der Stille. Der
schwere Schlag der Standuhr im Korridor. Mitternacht. Ich liege
wach.
    Am nächsten Morgen ist der Föhn zusammengebrochen. Es reg-
net. Ich höre die Dachtraufe fließen. Geräusch der Stille. Der schwere
Schlag der Standuhr im Korridor. Es ist fünf. Ein Tag beginnt.

Meditation

Noch nicht ganz wach steige ich die Treppe hoch bis in den Dach-
stuhl des Klosters. Das schwere Kehlgebälk, die Pfetten und Sparren
ragen schwarz aus dem schummrigen Licht. Ein roter Feuerlöscher,
ein grünes Notausgangsschild mit einer in Pfeilrichtung rennenden
Person. Vorschrift der Feuerpolizei. Es ist kühl. Still. Nur das Gezwit-
scher der erwachenden Vögel.

Der Meditationsraum. Durch die gläserne Türe fällt ein Kegel matten Lichts in den finsteren Dachboden heraus. Eine hölzerne Insel im
Holz. Hell, nordisch, oval. Ein Bijou. Und ich begreife den Stolz (ist das
das richtige Wort?) der Kapuziner auf dieses Refugium im Dachstock
des Klosters. Haus der Stille. Und dieser Raum sein Gehirn.

Ich streife die Hausschuhe ab, trete ein. Wortlos. Grußlos. Es ist an-
genehm warm. Ein eigentümlicher Geruch liegt in der Luft. Ist es das
Holz? Die Stille? Ist es der Geruch der Stille? Tobias ist bereits da.
Immer und überall ist er schon da. Ich begebe mich an meinen Platz.
Richte mich ein. Breite die Wolldecke aus. Lege mich hin. Schließe die
Augen. Nach und nach kommen andere dazu, grußlos, wortlos. Es ist
still. Bloß das Zwitschern der Vögel. Nichts sonst. Sonst nichts.

Remigis Stimme wirkt sanft. Als traute sie sich kaum, die Stille zu
brechen. Die Lobpreisung Marias eröffnet den Tag. Es folgen gymnas-
tische Übungen. Dehnen. Strecken. Wippen. Kreisen. Auf Zehenspitzen
gehen. Stretchen. Als wollte die Außenwelt zeigen, dass es sie immer
noch gibt. Von der Dorfkirche herauf hört man das Schlagen der Uhr.
Ein Viertel nach sechs. Noch ein paar Minuten, und die Gymnastik ist
zu Ende. Die Sitzmeditation beginnt.

Ich richte mich ein. Erneut. Rücke den Schemel zurecht. Setze
mich. Gebe mich locker. Bin da. Einer hustet. Ein anderer atmet hörbar durch. Dann ist es wieder still. Es gibt keine Anleitung zur Meditation. Keine Wellen, die irgendeiner kommen lässt und gehen, keinen
Wind in den Bäumen, den irgendwer blasen lässt, keine Belehrung
zum Atmen, keine sphärischen Töne. Nichts. Stille. Nichts sonst.

Ich habe keine Übung im Meditieren. Es gelingt mir auch nicht,
abzuschalten. Die Gedanken im Zaum zu halten. Und sei es auch nur

für einen Augenblick. Meine Gedanken gebärden sich flegelhaft. Wie aufgescheuchte Vögel fliegen sie kreuz und quer. Es geht nicht, an nichts zu denken. Und wenn ich denke, ich will nichts denken, denke ich. Also lasse ich es zu. Lasse meine Gedanken tun, was sie für richtig halten. Bringe mich nicht in Stress. In Entspannungsstress. Und die Gedanken danken es mir, indem sie mich an Geschichten erinnern. An die Anekdote des vergesslichen Sigristen etwa. „Wennds doch um Gottes Willä äu nur niämmer het gheert." Und an die Geschichte vom weisen Bauernknecht. Ich habe sie vor Jahren gehört und nicht wieder vergessen. Es ist eine wahre Geschichte:

Der Pfarrer besucht im Altersheim einen Mann.
Einen einfachen Mann.
Einen alten Mann.
Einen Bauernknecht.
„Wie geht es Ihnen, Herr Gerber", fragt der Pfarrer.
Der Mann sitzt da.
„Oh, ganz gut, Herr Pfarrer."
Er lacht.
„Wissen Sie, das Schlägli (Schlaganfall) hat mir ganz gut getan."
Man lasse ihn seither in Ruhe, sagt er.
Niemand störe ihn.
Er dürfe einfach da sein.
Da sitzen.
Nichts tun.
Einfach sein.
Und nichts mehr.

Mir gefällt die Geschichte. Ich liebe sie. Es gibt eine Kultur der ständigen Bewegung, denke ich. Und es gibt eine Kultur des Seins. Wir stecken in der bewegten Kultur. Und sehnen uns nach der des Seins. Wo es keine Hetze gibt. Keine Ungeduld. Keine Pflicht. Keine Verantwortung. Keine Veränderung um der Veränderungen willen.
Wo ich ich sein kann.
Wo du du sein kannst.
Und wir wir.

Einfach sein.
Und nichts mehr.

Sechs Uhr fünfundfünfzig.
Tobias schlägt mit einem Stab dreimal eine Schale an.
Es ist Zeit.

Anekdote (2)

Monate später entdecke ich auf einer Bergwanderung mehr als fünfzig Kilometer weit weg von Altdorf einen Hausspruch. Er stammt aus
dem Jahr 1707. Ich entziffere ihn. Schreibe ihn auf.
DES MENSCHEN LEBEN IST WIE EIN KLOGENKLANG –
ES FAHRT DAHIN UND WART NIT LANG.
Und ich höre ihn wieder.
Den Klang.
Hier.
Jetzt.
Den Schalenklang.
Anschlagen.
Verklingen.
Anschlagen.
Verklingen.
Anschlagen und verklingen.

Morgenlob

Auf dem Weg zum Morgenlob bleibt es still.
Keiner spricht.
Das ist eine Anweisung.
Eine Wohltat.
Stufe um Stufe, Treppe um Treppe geht's hinab.
Einer folgt dem andern.
Der Palmeselchristus weist den Weg.
Ein Fragment einer Statue.
Ein goldgekrönter Christus in purpurnem Gewand.

In der einen Hand, der linken, das Zepter.
Die Rechte weit ausgestreckt.
Sie zeigt direkt zum Gebetszimmer hin.
Wir treten ein.
Kniebeuge.
Setzen uns an unsre Plätze.
Warten.
An der Wand eine Uhr.
Nach und nach kommen die Patres.
Warten.
Stille.
Dann schlägt die Uhr.
Es ist sieben.
Wir beten.
Wir singen.
Bruder Tobias hat eine wunderbare Stimme.
Er singt die Psalmen vor.
Wir singen nach.
Das ist Meditation!
Ich finde es wundervoll.

Frühstück

Das Frühstück beginnt schon hinter der Türe, die aus dem Gebetszimmer führt. Martin gibt sich fröhlich, trägt blendend gute Laune zur Schau. Und mit einem Schlag ist die Stille zerstört.
Der Weg zum Speisesaal ist Lachen.
Tisch decken ist Lachen.
Einer träumte von einer nackten Frau.
Brot schneiden ist Lachen.
Eine Figur hatte sie wie die BB.
Käse hobeln ist Lachen.
Und legte sich zu ihm ins Bett.
Tee anbrühen ist Lachen.
Kaffee einschenken ist Fröhlichsein.
Butter auf Brot ist ein Scherz.

Postskriptum
„Ich habe Mühe", werde ich in mein Heft notieren, „Mühe mit diesen
Brüchen. Abbrüchen. Dem Nichtertragenkönnen der Ruhe. Dieses
Sich-produzieren-Müssen. Diese Schreie. Bei jeder Mahlzeit. Habt
mich lieb! Habt mich um Gottes Willen lieb!"

Stille (2)

Nach dem Essen, dem gemeinsamen Abwaschen – Abwaschen ist
Lachen, Abwaschen ist Fröhlichsein – ziehe ich mich wieder nach
San Damiano zurück. Ich setze mich an den Tisch. Nehme den Lap-
top in Betrieb. Schreibe an meinem Theaterstück. Und ich fühle, dass
es gelingt. Was vorher nicht gelang, gelingt! Ein herrliches Gefühl.
    Nach einer Weile begebe ich mich in den Speisesaal. Die Kaffee-
maschine. Ein doppelter Espresso. Ich trage die Tasse sorgfältig Stufe
um Stufe hinauf. Begegne unterwegs dem Basler.
„Wie geht's?", flüstert er mir zu.
„Ausgezeichnet", hauche ich zurück.
„Mir nicht", flüstert er. „Ich weiß nicht, was ich machen soll."
„Willst du ein Buch?"
„Nein."
„Mach einen Spaziergang."
„Allein?"
„Weshalb nicht?"
„Vielleicht."
„Bis später", mache ich und gehe.
„Bis später."
Ich schließe die Türe. Ich setze mich. Trinke Kaffee.
Ich habe Zeit.
Habe ich Zeit?
„Nutze die Zeit!", denke ich. „Jetzt hast du Zeit."
Und ich arbeite euphorisch weiter an meinem Text.

Postskriptum 1
Wenn ich mich am Samstag auf die Heimreise mache, wird sich
auf der Festplatte des Laptops das beinahe fertige Theaterstück be-

finden. Ich werde zufrieden sein. Meine Erwartungen an die Stille im Kloster haben sich erfüllt.

Postskriptum 2
Wenn ich in acht Monaten zum zweiten Mal ins Kloster Allerheiligen komme, werde ich wieder einen unvollendeten Text bei mir haben und wieder den Laptop dabei. Und dieselbe Erwartung dabei. – Es wird diesmal bei der Erwartung bleiben. Ich werde zurückkehren ohne eine einzige brauchbare Zeile. Zurückkehren mit der Erkenntnis, dass die Stille unberechenbar ist. Und dass sie sich nicht vor irgendwelche Pläne spannen lässt. Und macht, wie man will.

Klausur

Es regnet. Regnet in Strömen. Seit drei oder vier Tagen schon. Ohne Unterbrechung. Ich sitze unter einem Schutzdach auf der Talseite des Klosters. Vor mir breitet sich eine kleine Terrasse aus. Auf ihr ein Friedhof. Zwölf aus Granit gehauene Steine, einer wie der andere, stehen in Reih und Glied. Es ist grau. Grau der Granit, grau der Nebel, der bewegungslos in den Dächern von Altdorf hängt. Ich bin beeindruckt vom Ort. Von der schlichten Sachlichkeit. Der rauen Eleganz. Zwölf zu Kreuzen gehauene Steine. Eine Weide. Der Regen. Ich knöpfe die Jacke zu, trete unter dem Dach hervor, begebe mich zwischen die Steine.

Bruder Theodul Walker von Isenthal.
Pater Odilio Ammann von Kirchberg.
Pater Pelagius Klingler von Gossau.
Ich lese laut vor mich hin.
Pater Bonaventura Furrer von Andermatt.
Bruder Niklaus von Flüe von Moos von Sachseln.
Ein Gedicht.

Noch einen Augenblick bleibe ich stehen. Doch dann gehe ich langsam zurück, entdecke unterwegs ein verwittertes Schild aus Blech: *Hier beginnt die Clausur.* Ich verstehe nicht ganz. In der Bibliothek schlage ich nach: *Klausur: der ausschließlich Ordensangehörigen vorbehaltene Bereich eines katholischen Klosters, zu dem Außenstehende keinen Zutritt haben.*

Ein Relikt aus vergangener Zeit. Heute stehen hier die Klostertüren offen. Weit offen. Jedermann. Jedem Mann.

Auf dem Weg nach meinem San Damiano begegne ich dem Basler. Er sei drunten im Dorf gewesen, sagt er. Dem Sauwetter zum Trotz. Am Kiosk. Und er trägt einen dicken Bund Zeitungen unter dem Arm.

Am Fenster (2)

Ich blicke durchs Fenster in den unweit des Hauses stehenden Wald. Die Blätter der Laubbäume liegen zu großen Teilen am Boden. An einer Buche – ich nehme an, es ist eine Buche – hängt noch ein einziges Blatt. Mit dem spielt der Wind, so dass das Blatt sich ständig auf und nieder bewegt.

Auf und ab, auf und ab.

Von hier sieht das aus, als winkte das Blatt, winkte der Baum, winkte der Wald mir zu. Es ist nett, sich dieses Schauspiel anzusehen. Und fast schon bin ich bereit, meinen Arm und meine Hand zu heben, zu winken, entgegenzuwinken, zum Fenster hinaus in Richtung Blatt, Richtung Baum, Richtung Wald. Doch noch bevor ich es tue, bläst ein einziger, kurzer Windstoß das Blatt vom Ast. Und mit einer jugendlich anmutenden Kapriole fliegt es weg und entschwindet.

Ich richte den Blick nochmals zum Wald.

Ich schaue lang, schaue genau.

Doch das hilft nichts.

Nein.

Der Wald winkt mir nicht mehr.

Abschied

Der Koffer ist gepackt. Die Kleider. Die Wäsche; schmutzige, saubere. Der Laptop. Die Bücher. Die Betten für die nächsten Gäste sind angezogen. Frische Frottiertücher hängen an den Haken. Der Staub ist von den Böden gesaugt. Man verabschiedet sich: Adieu. Und auf ein andermal. Pia, die Köchin, ist noch nicht eingetroffen. Hat sich verspätet heute. Weil die Straße von Erstfeld her unterbrochen ist, wird sie einen Umweg fahren müssen. Wenn es überhaupt einen Umweg gibt. Der anhaltende Regen hat Murbrüche ausgelöst, und die sind über die Straßen und Bahnlinien der Region gegangen. Züge fallen aus. Die Gotthardlinie ist unterbrochen. Die Abreise der Gäste, deren Autos auf dem Parkplatz des Klosters stehen, wird sich verzögern. Ein Teil des Sträßchens ist weggeschwemmt. Nervosität kommt auf. Handys werden gezückt. Stimmen verändern sich. Wirken gepresst. Hilflos. Gestresst.

Adieu Josef. Tobias. Wendelin. Und lasst mir Pia grüßen. Auf Wiedersehen Anton. Adieu Emmanuel. Und auf ein andermal. Ich spanne den Schirm auf. Mache mich auf den Weg hinunter ins Tal. In Flüelen steht der Bahnhof unter Wasser. Trotzdem kommt – mit wenig Verspätung – der Zug. Die Welt funktioniert. Ich steige ein.

Ein Ort wie eine Insel
Weg von der Hektik – Ein Raum für die Seele

von Lorenz Marti

ein gepflasterter Weg führt von Altdorf steil hinauf zum Aller-heiligenberg. Nach einem zehnminütigen Aufstieg stehen wir keu-chend vor der Pforte des Kapuzinerklosters. Der Griff des Glocken-seils hat die Form eines Kreuzes und ein Schild „Bitte nur einmal ziehen".

Und schon erscheint der Pförtner. Er trägt den braunen Habit der Kapuziner, hat lange graue Haare und stellt sich vor als Bruder Tobias. Er erzählt uns: „Das Kapuzinerkloster Altdorf gibt es seit über vier-hundert Jahren. Seit 1998 ist es als *Haus der Stille* auch ein Ort, wo Menschen sich zur Besinnung und zur Meditation zurückziehen kön-nen. Wir nehmen hier bis zu sieben Gäste auf."

Zur Stille animiert schon die Lage des Klosters. Es liegt oberhalb von Altdorf, der Blick geht weit über das Dorf und die Reussebene hinweg zu den schneebedeckten Urner-Bergen. Das Kloster wurde 1581 ge-baut, brannte zweihundert Jahre später nieder und wurde im alten, italienisch geprägten Stil neu errichtet. Heute leben hier sechs Brüder. Während vierzig Wochen halten sie das Haus offen für Gäste. Aufge-nommen werden nur Männer. Die Infrastruktur ist nicht geeignet für eine gemischte Gästegruppe, zudem will dieses Kloster ein Ort sein, wo Männer sich auf eine neue Weise begegnen können, außerhalb von Beruf und Verein.

Dem Gast steht ein einfaches Einzelzimmer zur Verfügung, der Aufenthalt kostet pro Tag rund fünfzig Franken. Und was erwartet ihn? Bruder Remigi, der Vorsteher des Klosters: „Es erwartet ihn eine klare Tagesstruktur, das sind drei Gebetszeiten am Morgen, Mittag, Abend. Diese Gebetszeiten sind immer auch mit dem gemeinsamen Essen verbunden, Frühstück, Mittagessen, Nachtessen. Ansonsten bleibt es dem einzelnen Gast überlassen, wie er mit der Zeit, die da-zwischen liegt, umgehen will."

Dieses Dazwischen macht den größten Teil eines Kurzaufenthaltes im Kloster aus. Die Gäste verfügen über sehr viel freie Zeit. Die Teilnahme an den Gebeten ist freiwillig, die Mitarbeit im Haushalt beschränkt sich auf ein Minimum. Die meisten nutzen die freie Zeit zum Lesen, Schreiben, Wandern, Meditieren oder auch für Gespräche mit anderen Gästen und den Klosterbrüdern.

Zum Beispiel Gallus. Er kommt aus der Ostschweiz und wird als Lehrer und Vater von fünf Kindern stark beansprucht. Das Kapuzinerkloster Altdorf ist für ihn eine Insel, auf die er sich zurückziehen kann, um durchzuatmen und einige Tage ganz für sich allein zu sein: „Der wichtigste Grund, hier eine Woche zu verbringen, ist sicher die Ruhe, die Stille in diesem Haus. Aber auch die Religiosität. Ich gehe zu Hause nicht viel in die Kirche, aber sobald ich hier bin, nimmt mich die Atmosphäre des Klosters mit wie eine Wolke. Ich bin nicht eingelullt, aber ich bin getragen von dieser Wolke Religiosität. In einer solchen Woche können in mir Sachen aufbrechen, die im Alltag meistens zugedeckt bleiben. Etwa Fragen rund um meine Partnerschaft und die Familie. Ich bin jetzt 17 Jahre verheiratet und wir haben fünf Kinder. Da gibt es viele Dinge, schöne und auch schwierige, die nicht genügend Raum erhalten. Hier im Kloster habe ich Zeit und Ruhe, mich darauf einzulassen. Und wenn ich mich nach einer solchen Woche wieder nach meiner Frau sehne, dann ist das besonders schön."

Auch Rinaldo hat im Kloster Altdorf eine Heimat gefunden. Er kommt aus dem Tessin, wird fünfundsiebzig und arbeitet immer noch zeitweise als Berufsberater und Sozialpsychologe. Rinaldo hat das Kloster erst vor kurzem entdeckt, ist jetzt zum zweiten Mal hier und möchte regelmäßig wiederkommen: „Ich hatte schon lange den Wunsch, einmal eine Art von klösterlichem Leben zu führen. Ich bin nicht katholisch und auch ich bin nicht sehr kirchlich eingestellt. Ich bin spät aufgebrochen zu meiner religiösen Suche. Aber der Entschluss, für eine Zeit ins Kloster zu gehen, kam ganz spontan. Der direkte Anlass war mein fünfundsiebzigster Geburtstag. Ich wollte in der Stille über mich und meinen weiteren Weg nachdenken."

Durchschnittlich beherbergt das Kloster vier Gäste. Die meisten bleiben eine Woche, einige auch zwei oder drei. Viele kommen regelmäßig, ein oder zwei Mal im Jahr. Das Durchschnittsalter der Gäste bewegt sich zwischen dreißig und siebzig. Die meisten sind berufstätig, da gibt es Architekten und Beamte, Ärzte und Musiker, Handwerker und Lehrer. Sie alle suchen vor allem Ruhe und Distanz zu ihrem oft hektischen Alltag. Bruder Remigi: „Es fällt mir auf, dass mehrheitlich Menschen kommen, die sehr gefordert sind im Beruf und in der Familie. Sie möchten einfach mal abspannen, Ruhe haben, loslassen. Und dies in einem Rahmen, der trägt, der Strukturen vorgibt, die halten und bergen."

Viele Gäste, die mit ihrem Gepäck den Berg hinaufsteigen und an der Pforte des Klosters klingeln, bringen Fragen mit, die sie in der Stille klären möchten. Diese Fragen bewegen sich auf verschiedenen Ebenen. Bruder Remigi: „Oft sind diese Fragen beruflicher Natur: Soll es immer so weiter gehen im Beruf, möchte ich eine Zäsur machen, was läge für mich persönlich drin mit meinen Fähigkeiten, mit meiner Ausbildung, mit meinem Alter? Es gibt auch Fragen auf der Beziehungsebene: Menschen etwa, die in einer schwierigen Ehesituation stehen oder einen Angehörigen verloren haben durch Scheidung oder durch Tod. Sie sind erschüttert und möchten hier den ganz elementaren Fragen nachgehen: Warum diese Härte des Schicksals? Was ist der Sinn? Wie geht es jetzt weiter für mich? Schließlich kommen viele Menschen auch mit explizit religiösen Fragen: Worum geht es im Leben? Auf was kann ich mich verlassen? Was hält mich? Wofür lebe ich?"

Die Kapuzinergemeinschaft auf dem Allerheiligenberg sieht es als ihre Aufgabe an, Männern einen Raum zu bieten, wo sie über solche Fragen vertieft nachdenken und meditieren können.

Bruder Josef nennt ein Beispiel: „Wir hatten einmal einen Gast bei uns, der vor der Aufgabe stand, aus seiner Abteilung in einem größeren Industriebetrieb ein Viertel der Belegschaft zu entlassen, und der nahm sich bewusst Zeit, sich mit diesen Entlassungen auseinander zu setzen: Wie kann ich das menschlich, christlich, irgendwie verantwortbar gestalten? Und er hat in dieser Zeit im Kloster wirklich eine Lösung gefunden. Wir kennen auch einen Bauunternehmer, der jedes Jahr zu uns kommt, um seine ganz persönliche Jahresplanung zu machen, für die er zu Hause nicht genügend Zeit findet. Er versucht, diese Planung auf einem spirituell-christlichen Hintergrund zu gestalten. Andere kommen einfach einmal jährlich zu uns für eine persönliche Zeit der Besinnung. Für sie gehört der Klosteraufenthalt zu ihrem Jahresrhythmus; er schenkt ihrem Alltag eine gewisse Tiefe."

Für die Gäste sei das Kloster eine Zwischenstation auf ihrem Lebensweg, sagt Bruder Josef, eine Oase, wo sie sich erholen und neu orientieren könnten: „In dieser Oase kann man sich niederlassen, in aller Ruhe die Wanderkarte studieren und schauen, welchen Weg man gehen will, welches die nächsten Ziele sind. Dann geht es mit neuer Kraft zurück in den Alltag."

Die Gebets- und Meditationszeiten sowie die gemeinsamen Mahlzeiten geben dem Tag im Kapuzinerkloster seine Struktur. Rinaldo schätzt diesen Rahmen, der ihm gleichzeitig große Freiheit lässt: „Ich schätze den Wechsel zwischen Gemeinschaftsleben und Alleinsein sehr. Wir sind zusammen, beten, meditieren, feiern, essen, und reden miteinander, spülen auch gemeinsam das Geschirr. Dann gibt es aber auch die stillen Stunden, die Zeiten des Alleinseins, in denen jeder macht, was ihm gut tut. Ich persönlich nutze diese Zeit intensiv zum Lesen und Schreiben. Oft sitze ich auch einfach da und tue nichts, genieße das Kloster und seine schöne Umgebung. Das Kloster ist ideal in seiner innern Struktur, aber auch in seiner architektonischen Struktur. Und es liegt sehr gut, man ist etwas weg vom Geschehen und doch nicht entrückt, nicht abgesondert oder isoliert."

Ferien im Kloster sind anders. „Eigentlich passt der Begriff Ferien nicht recht", meint Gallus. „Wer hierher kommt, um für einige Tage das einfache Leben der Kapuzinerbrüder zu teilen, verzichtet auf manche Annehmlichkeiten üblicher Ferien. Ich denke, ein Gast sollte sich darüber klar sein, was er will. Wenn er bloß Ferien will, dann ist es wahrscheinlich nicht der richtige Ort. Aber wenn er Ruhe will, wenn er eine Art von „geführter" Ruhe will, dann ist das sicher ein guter Ort. Es wird einem hier nichts geboten zur Zerstreuung – aber es wird einem etwas geboten, das zur innern Ruhe und Konzentration verhilft. Es ist schwierig, darüber zu reden. Ich kann meinen Freunden nicht genau erklären, was mich hierhin zieht, es liegt mir auch fern, Werbung machen zu wollen für diesen Ort. Aber vielleicht spüren die Leute um mich, wie mich das fasziniert und wie gut mir der Klosteraufenthalt tut. Dann fragen sie auch nach."

Die Kapuziner berufen sich auf die Ordensregel des Franz von Assisi. Sie verpflichten sich zu einem Leben in Armut, zu einem einfachen, bescheidenen Lebensstil. Während etwa in Österreich oder Deutschland einige Klöster mit touristischen Attraktionen aufwarten wie Kneippkuren, Kräuterkursen oder Konzerten, verzichten die Kapuziner in Altdorf (wie auch fast alle anderen Klöster in der Schweiz) auf solche Angebote.

Einfach hier im Kloster zu sein, ohne Programm, ohne Ablenkung, ohne Unterhaltung, ist das nicht langweilig? Rinaldo schüttelt den Kopf: „Ich habe überhaupt nie Langeweile verspürt. Ich fühle mich hier so wohl und so frei wie in keiner andern Gruppe oder Gemeinschaft sonst. Die Stille finde ich anregend. Ich möchte schreiben, lesen, wandern – und noch vieles mehr ..."

Zum Wohlbefinden der Gäste trägt auch der brüderliche Geist des Hauses bei. Alle sind per Du und reden sich mit Vornamen an. Bruder Remigi: „Das machen wir der Einfachheit halber, dass man nicht noch lange das Du anbieten oder darauf warten muss, bis das Angebot kommt. Es soll keine Unterschiede geben zwischen den Menschen hier. Als Kapuziner und franziskanische Menschen nennen wir uns Brüder, und da ist es nur richtig, dass dieses brüderliche Miteinandersein auch im Du zum Ausdruck kommt."

Das brüderliche Miteinander gefällt dem Lehrer und fünffachen Familienvater Gallus. Er fühlt sich von der Gemeinschaft voll aufgenommen und akzeptiert, als Gleicher unter Gleichen: „Als ich zum ersten Mal hierher kam, war ich noch Student. Mich faszinierte damals, dass ich trotz meines jugendlichen Altes ernst genommen und respektiert wurde. Ich war nicht der kleine Seminarist, der nichts zu sagen hat. Vielmehr konnte ich mich von gleich zu gleich mit den Leuten unterhalten, mit den Brüdern wie auch mit den Gästen, darunter auch erfolgreichen Berufsleuten oder einem berühmten Theologen. Es war sehr schön zu spüren, dass es hier nicht auf Rang und Name ankommt, sondern allein auf den Menschen. Mich beeindruckt, wie diese Bruderschaft das Armutsgelübde versteht: Es geht um die Gleichheit unter den Menschen. Man sieht hier einen akademisch gebildeten Bruder mit dem Besen in der Hand und einen nicht-akademischen Bruder, der in der Messe sehr philosophische Gedanken von sich gibt. Man spürt nichts von einer Hierarchie. Es ist wirklich eine demokratische Gemeinschaft."

Am Tisch oder in den Gängen gibt es viele Gelegenheiten für lockere Gespräche mit den Brüdern. Wer ein persönliches Problem besprechen will, kann sich an einen der Brüder wenden, eine eigentliche Beratung oder Begleitung wird aber nicht angeboten.

Zum Klosterleben gehören die regelmäßigen Gebetszeiten. Für die Gäste ist die Teilnahme freiwillig, die meisten machen aber mit. Wird hier der Gast, bei aller Diskretion, nicht doch christlich missioniert? Bruder Remigi: „Überhaupt nicht. Das wäre das Letzte, was ich möchte. Ich vertraue dem Geheimnis Gottes, das uns und jeden Menschen in einer ganz persönlichen, eigenen Art trägt. Da müssen und dürfen wir gar nicht hineinpfuschen."

Auch in religiösen Fragen geben sich die Kapuzinerbrüder zurückhaltend und diskret. Die Gäste sollen wirklich frei sein, betont Bruder Josef: „Wir wollen nicht die Gäste missionieren, wir wollen überhaupt niemanden missionieren. Ich selber finde es sehr bereichernd, Menschen aus verschiedenen Lebenssituationen, verschiedenen Glaubenshaltungen, verschiedenen Weltanschauungen zu begegnen. Im Gespräch erfahre ich, was dem Gast wichtig ist und kann erzählen, worauf es für mich ankommt. Diesen offenen Austausch möchte ich nicht missen."

Seit zwei Jahren heißt das Kapuzinerkloster Altdorf „Haus der Stille". Diese Stille wird bewusst eingeübt in der Meditation. Im Dachstock des Hauses befindet sich ein Meditationsraum in der Form eines Schiffsbauches. Zweimal am Tag sitzen alle schweigend eine halbe Stunde da. Dies sei eine gute Form des Gebetes, meint Bruder Remigi: „Dasitzen, bewusst atmen, die Gedanken und Gefühle ruhen lassen – diese Praxis der Meditation ist sehr heilsam. Die Meditation hilft mir, zur Ruhe zu kommen, zur Mitte zu finden, den Raum des Lebens zu sehen, den ich füllen darf, füllen soll – um dann wieder die alltäglichen Aufgaben anzupacken und aktiv zu sein. Es ist für mich wie das Gehen auf zwei Füßen. Stille und Arbeit – in diesem Rhythmus verläuft mein Kapuzinerleben. Und nur wenn ich immer wieder abwechsle, von einem Fuß auf den anderen, komme ich auch voran."

Auch Rinaldo, ein von Natur aus eher unruhiger Mensch, fühlt sich wohl im Meditationsraum: „Ich erlebe es als ideal, dass man hier nicht eine Anleitung zur Meditation bekommt. Es ist kein Meditationskurs, und es wird nicht eine bestimmte Methode gelehrt. Wir sitzen einfach in diesem unglaublich schönen, modernen Meditationsraum zusammen. Mich spricht das sehr an, obwohl – oder vielleicht gerade weil – ich ein sehr unruhiger Mensch bin. Jeder kann so meditieren wie er will, in einem Raum, der sehr hilft, zu sich selbst zu kommen."

Die Stille scheint offensichtlich gesund zu sein. Eine große Schweizer Krankenkasse bietet im Rahmen ihres Präventionsangebotes einen Aufenthalt im Kapuzinerkloster Altdorf an und wirbt dafür mit dem Slogan „Wenn Sie vom Stress ein Lied singen können, sind Meditation und Gesang Balsam für Ihre Seele." Für Bruder Remigi ist ein Klosteraufenthalt im Rahmen der Gesundheitsprävention durchaus sinnvoll: „Eine Atmosphäre, die vom Evangelium, von der Botschaft Jesu getragen ist, hat wohl heilende Wirkung. Im ganzheitlichen Sinn geschieht dadurch auch Heilung. Die brauchen wir tagtäglich. Wir brauchen auch nach einer vollen Tagesarbeit wieder die heilende Ruhe. Und wenn wir mitten im Tag die Arbeit ablegen können, dann ist das eben auch echte Prävention."

Nach ein bis zwei Wochen verlassen die Gäste das Kloster wieder, steigen den Allerheiligenberg hinunter und kehren in ihre vertraute Umgebung zurück. Der Übergang in den Alltag ist manchmal heikel. Die vielen Anforderungen in Beruf und Familie drohen die klösterliche Ruhe schnell zu verscheuchen. Gallus kennt diese Schwierigkeit von seinen vielen Klosteraufenthalten her. Trotzdem bleibe immer etwas zurück, meint er: „Was ich bestimmt mit nach Hause nehme, ist das Wissen, dass es Menschen gibt, die sich nicht von der Hektik anfressen lassen. Menschen, mit denen ich verbunden bin, auch wenn

wir monatelang nichts mehr voneinander hören. Diese Verbundenheit gibt mir das Gefühl, getragen zu sein. Ich bin froh, dass es solche
Inseln der Ruhe und der Besinnung gibt, das ist für mich lebens-
wichtig."

In der Schweiz bieten heute rund 80 Ordenshäuser „Kloster auf
Zeit" an. Das Interesse ist groß, die Zahl der Gäste steigt. Allerdings
leiden viele Klöster an Nachwuchsmangel. Auch im Kapuzinerkloster
Altdorf liegt das Durchschnittsalter der Brüder deutlich über fünfzig.
Wer soll in Zukunft diese Häuser unterhalten? Bruder Remigi, der
Klostervorsteher, wagt eine vorsichtige Prognose: „Es werden sich vielleicht neue Lebensgruppen von Frauen und Männern bilden, welche
diese Häuser führen und materiell tragen. Aber welche Form ein solches Kloster auch immer haben wird – ich finde es wichtig, dass
es weiter geht und dass wir immer wieder versuchen, auf die Bedürfnisse der Zeit einzugehen."

Im Mittelpunkt der Welt
Vom Raum und vom Rhythmus der Stille

von Henri J. M. Nouwen

Freitag, 14. Juni: Während der Eucharistiefeier heute morgen haben wir gesungen: „So spricht der Herr: Durch Warten und Ruhe sollt ihr gerettet werden. In Stille und Vertrauen liegt eure Kraft" (Jes 30,15). Für meine ruhelose Seele könnte das als Motto über den nächsten sechs Monaten stehen. Ich bin ungeduldig, ruhelos, voller Voreingenommenheit und schnell misstrauisch. Vielleicht sollte ich nur diesen Satz recht oft wiederholen und ihn tief in mein Herz einsinken lassen: „Durch Warten und Ruhe sollst du gerettet werden. In Stille und Vertrauen liegt deine Kraft." Könnten diese Worte aus meinem Kopf in mein Herz hinabsteigen und zu einem Stück meines innersten eigenen Wesens werden, dann wäre ich wirklich ein bekehrter Mensch. „Herr Jesus Christus, Sohn des lebendigen Gottes, erbarme dich meiner, des Sünders."

Viereinhalb Stunden lang habe ich mit Bruder Theodor und Bruder Benedikt an der Rosinenwaschmaschine gearbeitet. Theodor wusch, Benedikt fing die Rosinen auf, und ich faltete leere Schachteln. Plötzlich schaltete Theodor die Maschine ab und klopfte sich mit der Faust an den Kopf. Da ich die Zeichensprache nicht kenne, fragte ich: „Was ist los?" – „Ein Stein ist durchgerutscht", sagte er. „Woher wissen Sie das?" – „Ich habe es gehört." – „Wie können Sie das hören, bei dem Lärm der Maschine und der durchprasselnden Rosinen?" – „Ich höre es eben", sagte er und fügte hinzu: „Wir müssen diesen Stein finden! Wenn eine Dame ihn in ihr Brot bekommt, kann sie sich einen Zahn daran ausbrechen, und wir kriegen einen Prozess an den Hals!" Und er zeigte auf den großen badewannenartigen Behälter voller gewaschener Rosinen und meinte: „Wir müssen sie nochmals durchlaufen lassen, bis wir den Stein finden."

Ich konnte es nicht glauben. Benedikt hatte den Stein nicht entdecken können, als die Rosinen herausgeglitten waren – aber Theodor war seiner Sache so sicher, dass jeder Einwand nutzlos war. Millionen von Rosinen liefen zum zweiten Mal durch die Maschine, und als ich die Hoffnung gerade aufgegeben hatte, den Stein je zu finden – es schien, als ob wir eine Stecknadel in einem Heuhaufen suchen wollten –, klickte etwas. „Da ist er!", rief Theodor. „Er ist gegen die Metallwand der Waschtrommel gesprungen." Benedikt spähte sorgfältig und bewegte seine Hände durch das letzte Viertelpfund Rosinen. Da war er! Ein kleiner, violett schimmernder Stein, genauso groß wie eine Rosine. Theodor nahm ihn und überreichte ihn mir mit einem strahlenden Lächeln.

Auf eine eigenartige Weise hatte dieser Vorfall für mich große Bedeutung. Gestern habe ich Granitsteine aus dem kleinen Fluss geschleppt. Heute haben wir einen kleinen Stein unter Millionen von Rosinen gesucht. Ich war beeindruckt, nicht bloß von Theodors wacher Aufmerksamkeit, sondern mehr noch von seiner Entschlossenheit, diesen Stein zu finden und keinerlei Risiko einzugehen. Er ist wirklich ein sorgfältiger Diagnostiker. Dieses Steinchen hätte jemandem schaden können – einer Dame oder einem Kloster.

Und ich habe über Reinheit und Reinigung nachgedacht. Selbst dieses Steinchen, das genauso ausschaut wie alle diese wohlschmeckenden Rosinen, musste herausgefischt werden. Meine eigenen kleinen Sünden kann ich noch nicht einmal erkennen; aber es tröstet mich zu wissen, dass da einer ist, der sorgfältig auf mich Acht hat und die Maschine ausschalten wird, wenn er einen Stein unter den Rosinen hört. Das nennt man liebevolle Sorge.

Donnerstag, 4. Juli: Ein schlechter Tag. Ich bin fast den ganzen Tag in einer niedergeschlagenen, gedrückten, verdrießlichen Stimmung gewesen. Die Morgenarbeit in der Bäckerei hat mich sehr müde gemacht. Am Nachmittag ließ mich Anthony mit einem Vorschlaghammer den Teil eines Torpfostens umlegen, den wir letzte Woche nicht fertig bekommen hatten. Es war sehr heiß, und ich hatte ausgerechnet jetzt keinerlei Kraft mehr. Zudem ärgerte ich mich, denn mit besserem Werkzeug hätte ich in fünf Minuten erledigen können, wozu ich jetzt wenigstens einen Tag brauchte. Ich sagte das zu Anthony, aber er änderte seine Meinung nicht, sondern ließ nur eine schnippische Bemerkung fallen über die spezifisch monastische Weise, Arbeit zu verrichten. Ich sagte darauf, wenn monastisch gleichbedeutend mit unpraktisch sei, hielte ich nicht viel von dieser monastischen Weise. Schließlich ging mir ein junger Bursche namens Frank etwas zur Hand, und Anthony brachte einen noch schwereren Vorschlaghammer. Aber ich konnte ihn kaum heben.

Da sah mich Pater Jean-Vianney, der in meiner Nähe mit dem Traktor arbeitete, und sagte: „Ruhen Sie sich etwas aus, es ist zu heiß für eine solche Arbeit – lassen Sie mich versuchen, ihn mit der Maschine herauszuziehen." Er schlang ein schweres Drahtseil um den Betonpfosten und hängte es am Traktor ein. Er startete den Motor und zog den ganzen Pfosten aus dem Boden, als wäre er ein Streichholz. Ich bedankte mich herzlich bei ihm, säuberte den Platz und ging nach Hause.

Mein Kopf blieb schwer, belastet von Bruder Anthonys „monastischer Art, Arbeit zu verrichten", und von meiner physischen Erschöpfung. Ich konnte mich während der Messe nicht konzentrieren. Für einen Augenblick dachte ich, dass es besser wäre, in dieser Stimmung nicht zu konzelebrieren, aber dann tat ich es doch.

Inzwischen habe ich gelesen, dass der heilige Dositheus ein Heiliger geworden ist, „weil er sich fest an den Gehorsam gehalten und seinen Eigenwillen gebrochen hat". Eine ziemlich beunruhigende Lesung angesichts eines Tages voller Niedergeschlagenheit. Diese Lesung hat mich nicht besonders getröstet. Es gibt irgendwo eine ungeheure Kluft, über die man eine Brücke schlagen muss. Mich beschäftigt der Gedanke, dass man, um ein Heiliger zu werden, nicht nur dem Willen Gottes gehorchen und sich von seinem Eigenwillen loslösen muss – sondern dass man auch ein Heiliger sein muss, um es sich erlauben zu können, seinen Willen einem anderen als den Willen Gottes hinzustellen.

Aber das ist ein sehr feindseliger Gedanke, bar aller Sanftmut. Ich hoffe, dass der morgige Tag besser wird.

Das monastische Leben entbehrt wirklich sehr stark aller Sensationen. Ich ertappe mich immer wieder bei dem Wunsch, etwas Besonderes zu tun, einen Beitrag zu leisten, etwas Neues hinzuzufügen, und ich *muss* mich ständig daran erinnern, dass ich, je weniger ich bemerkt werde, je weniger besondere Aufmerksamkeit ich suche und

je weniger ich anders bin, desto besser das monastische Leben lebe.
Vielleicht – wenn du dir dessen bewusst geworden bist, dass du
nichts zu sagen hast, was nicht schon gesagt worden wäre –, vielleicht
könnte dann ein Mönch daran interessiert sein, dir zuzuhören. Das
Geheimnis der Liebe Gottes besteht darin, dass wir in dieser Gleichheit unsere Einmaligkeit entdecken. Diese Einmaligkeit hat nichts zu
tun mit den „Besonderheiten", die wir normalerweise anbieten möchten und die wie die künstlichen Silberkugeln an einem Weihnachts-
baum glitzern, sondern sie stammt vollständig aus unserer zutiefst
personalen und intimen Beziehung zu Gott. Wenn wir das Verlangen,
anders zu sein, aufgegeben und uns selbst als Sünder erfahren haben,
ohne jedes Recht auf besondere Beachtung, nur dann entsteht ein
Raum, in dem wir unserem Gott begegnen, der uns bei unserem Namen ruft und uns einlädt, ihm in einer letzten Tiefe nahe zu kommen.

Jesus, der einzige Sohn des Vaters, hat sich selbst entäußert, er
„wurde wie ein Sklave und uns Menschen gleich. Sein Leben war das
eines Menschen; er erniedrigte sich und war gehorsam bis zum Tod,
bis zum Tod am Kreuz. Darum hat ihn Gott über alles erhöht und
ihm den Namen verliehen, der jeden Namen übertrifft" (Phil 2,7–9).
Nur indem er in radikaler Weise uns gleich geworden ist, hat Jesus
erreicht, dass ihm ein einzigartiger Name gegeben wurde. Wenn der
heilige Paulus uns aufruft, so gesinnt zu sein wie Jesus Christus, dann
lädt er uns zu der gleichen Demut ein, durch die wir Brüder des
Herrn und Söhne des himmlischen Vaters werden können.

Heute war das Fest des heiligen Heinrich. Alle Aufmerksamkeit
hat sich auf Bruder Henry gerichtet. Ich glaube, ich hatte auch auf
etwas mehr besondere Aufmerksamkeit mir gegenüber gehofft. Der
Umstand, dass ich sie nicht bekommen habe, hat mir geholfen, meinen Betrachtungen über das Gleichwerden etwas mehr „Fleisch und
Blut" zu geben.

Meine Nachmittagsarbeit hat aus Anstreichen bestanden. Das
Wetter war herrlich sonnig und kühl. Ich kratzte mit Vergnügen die
blätternde Farbe ab, schmirgelte die beschädigte Stelle mit Sandpapier
und strich sie neu an und schaute dabei von meinem Aussichtspunkt,
an dem ich arbeitete, über die Felder. Eine große Wespe leistete mir
den ganzen Nachmittag Gesellschaft, stach mich aber nicht. Bruder

Pascal sagte: „Machen Sie keine schreckhaften Bewegungen. Seien Sie einfach freundlich, und sie wird Ihnen nichts tun." Es zeigte sich, dass er Recht hatte.

Freitag, 26. Juli: Seit ich in dieser Abtei von Genesee lebe, habe ich viel mehr Briefe geschrieben, als ich bei meinem Kommen vorgesehen hatte. Meine ursprüngliche Absicht war gewesen: kein Telefon, keinerlei Briefe abschicken oder empfangen, keine Besuche, sondern eine wirkliche Einkehr „allein mit dem Alleinen".

Etliche meiner Vorhaben haben sich tatsächlich verwirklichen lassen, ausgenommen mein Vorsatz bezüglich des Briefeschreibens. Ist das gut oder das Anzeichen eines Kompromisses? Vielleicht beides.

Eine der Erfahrungen mit dem Schweigen besteht darin, dass man allmählich an viele Leute, an gute alte Freunde und gute alte Feinde zu denken beginnt. Oft hat ein Gedanke zu einem Gebet geführt und ein Gebet zu einem Brief und ein Brief zu einem echten Empfinden des Friedens und der Wärme. Ein paar Mal, nachdem ich einen kleinen Stapel Briefe in den Briefkasten geworfen hatte, habe ich ein tiefes Gefühl der Freude, der Versöhnung, der Freundschaft empfunden. Wenn ich es fertiggebracht hatte, jenen, die mir viel gegeben hatten, Dankbarkeit zu bekunden, denen, die ich verletzt hatte, Bedauern, denen, die ich vergessen hatte, Anerkennung, oder denen, die einen Kummer haben, mein Mitgefühl, schien mein Herz sich zu weiten und sein Gewicht von mir abzufallen. Diese Briefe schienen das Stück meines Ich wiederherzustellen, das von früherem Groll verwundet war, und sie schienen die Hindernisse wegzuräumen, die mich davon abgehalten hatten, meine Vergangenheit in mein gegenwärtiges Gebet einzubringen.

Aber die Sache hat auch noch eine andere Seite. Vielleicht verrät ein Teil meines Briefeschreibens, dass ich hier nicht vergessen werden möchte und hoffe, dass „da draußen" noch Menschen sind, die an mich denken. Möglicherweise ist ein Teil meines Briefeschreibens meine neue Art, Menschen dazu zu verführen, mir, der ich hier in der Abgeschiedenheit eines Klosters lebe, Aufmerksamkeit zu schenken. Ich bin sicher, dass das zum Teil zutrifft, denn im gleichen Maß, wie ich glücklich bin, wenn ich meine Briefe in den Briefkasten werfe, bin ich enttäuscht, falls ich darauf nicht entsprechend viel Antwort erhalte. Dann schrumpfen meine heroischen Äußerungen, dass ich meinen Freunden nicht schreiben werde, zu Gefühlen des Vergessen- und Alleingelassenseins zusammen.

Dienstag, 30. Juli: Ob das gut oder schlecht ist, weiß ich nicht, aber zweifellos bringt mich die Einsamkeit dazu, oft über meine Vergangenheit nachzudenken. Der stille Rhythmus des monastischen Lebens lässt mich mein Gedächtnis erforschen. Ich bin erstaunt, an wie wenig ich mich erinnere. Was habe ich im Alter von sechs bis zwölf Jahren getan, gedacht und empfunden? Kleine Bruchstücke tauchen in der Erinnerung auf. Ein netter Mitschüler in der ersten Klasse, der mir eine Geschichte von Missionaren in Nordafrika erzählt hat; ein strenger Lehrer in der sechsten Klasse, der eines Tages alle seine Schüler zu sich nach Hause eingeladen hat; Klassenkameraden, die mich ausgelacht haben, weil ich schielte; meine Erstkommunion, der Kriegsausbruch und meine weinenden Eltern, der Tod meiner Großmutter und ihr Begräbnis, Indianerspiele und Cowboy-Kämpfe – aber, abgesehen von diesen Erinnerungsblitzen, lange leere Zeiträume. Was ist während meiner Teenager-Jahre geschehen? An wie viele Namen von Klassenkameraden auf dem Gymnasium kann ich mich noch erinnern? Wo sind sie jetzt? Ich wundere mich über die großen Lücken und langen Zeitspannen, die leer von erinnerungswürdigen Ereignissen zu sein scheinen. Was um Himmels willen habe ich während jener langen sechs Jahre im Seminar getan? Ich habe hart gearbeitet, aber habe ich viel gelernt?

Habe ich mein Leben wirklich gelebt, oder wurde es für mich gelebt? War wirklich ich es, der die Entscheidungen getroffen hat, die mich schließlich hierher geführt haben, oder wurde ich einfach vom Strom dahingetragen, von traurigen ebenso wie von glücklichen Ereignissen? Ich möchte das alles nicht noch einmal durchleben, aber ich möchte mich gern an mehr erinnern; dann wäre meine eigene kleine Geschichte ein Buch, über das ich nachdenken und aus dem ich lernen könnte. Ich glaube nicht, dass mein Leben nur eine lange Reihe zufällig miteinander verketteter Vorfälle und Ereignisse ist und dass ich nicht viel mehr als ein passives Opfer dieser Zufälligkeiten bin. Nein, ich glaube, dass nichts zufällig ist, sondern dass Gott an mir durch die Ereignisse meines Lebens wie ein Töpfer geformt hat und dass ich dazu berufen bin, seine gestaltende Hand zu erkennen und ihn voll Dankbarkeit für das Große, das er an mir getan hat, zu preisen.

Ich frage mich, ob ich wirklich sorgfältig genug auf den Gott der Geschichte, auf den Gott meiner Geschichte gehört und ihn erkannt habe, als er mich bei meinem Namen gerufen, das Brot gebrochen oder mich gebeten hat, nach einem fruchtlosen Tag meine Netze auszuwerfen. Vielleicht habe ich viel zu schnell gelebt, zu ruhelos, zu fiebrig, und ich habe dabei vergessen, dem Aufmerksamkeit zu schenken, was hier und jetzt geschieht, direkt vor meiner Nase. Wie man eine ganze Welt der Schönheit in einer einzigen Blume entdecken kann, so kann man auch die mächtige Gnade Gottes in einem einzigen kleinen Augenblick erleben. Man muss keine großen Reisen machen, um die Schönheit der Schöpfung zu sehen, und ebenso braucht man keine große Ekstase zu haben, um die Liebe Gottes zu entdecken. Aber man muss still sein und warten, um zu begreifen, dass Gott nicht im Erdbeben und nicht im Sturm oder im Blitz ist, sondern in der sanften Brise, mit der er uns von hinten anrührt.

Das Wetter war heute herrlich. Sonnig, klar, kühl, frisch und voller Freude. Ich bin eine Zeitlang mit John Eudes auf Vogelpirsch gegangen. Wir sind in Stechapfelbüschen hängen geblieben, und unsere Schuhe sind furchtbar schmutzig geworden, weil wir durch ein frischgepflügtes Feld stapften. Wir sahen einige schöne Regenpfeifer im Flug.

Heute Nachmittag arbeitete ich im Bachbett und fand mehr Granitbrocken als gewöhnlich. Der Blutweiderich färbte die Ränder des Bachbettes violett. Auf dem Rückweg zeigte mir Pater Stephan die wunderschönen Bäume, die man Sonnenglut-Akazien (oder Johannisbrotbäume) nennt. Sie werden einige Wochen lang in gelben Farben lodern.

Sonntag, 3. November: „Das Kloster ist der Mittelpunkt der Welt." – Diese drastische Behauptung, die John Eudes heute morgen im Kapitel aufgestellt hat, erinnerte mich an genau die gleiche Behauptung

Thomas Mertons, als er zum ersten Mal zur Abtei Gethsemani gekommen war. Das Kloster ist nicht nur ein Ort, von dem die Welt ferngehalten werden muss, sondern auch ein Ort, an dem Gott wohnen kann. Die Liturgie, das Schweigen, der Tagesrhythmus, die Woche, das Jahr und der gesamte monastische Lebensstil mit seinem harmonischen Wechsel von Gebet, geistlicher Lesung und Handarbeit sollen Raum für Gott schaffen. Das Ideal der Mönche besteht darin, in der Gegenwart Gottes zu leben und in einer echten Lebensgemeinschaft mit Gott zu beten, zu lesen, zu arbeiten, zu essen und zu schlafen. Das monastische Leben ist die beständige Anschauung der Geheimnisse Gottes, nicht nur in Zeiten schweigender Meditation, sondern den ganzen Tag hindurch.

Betrachtet man das Kloster als Ort, an dem sich die Gegenwart Gottes in der Welt am deutlichsten kundtut und zu Bewusstsein gebracht wird, so kann man es wirklich als Mittelpunkt der Welt bezeichnen. Man kann das in Demut und Reinheit des Herzens sagen, da ja der Mönch mehr als irgendein anderer weiß, dass Gott nur dort wohnt, wo der Mensch zurücktritt, um ihm Raum zu geben.

Die zahlreichen Gäste, die hierher kommen, scheinen das alle zu empfinden; selbst wenn ihr Besuch nur kurz ist, fahren sie von hier mit mehr Frieden und Harmonie im Herzen wieder fort. Einige kehren sogar mit der Erfahrung heim, „den Herrn gesehen" zu haben, und sie fühlen in sich eine neue Kraft, sich dem täglichen Lebenskampf zu stellen.

Dienstag, 10. Dezember: Am 10. Dezember 1941 ist Thomas Merton in Gethsemani eingetreten. Am 10. Dezember 1966 ist er in Bangkok gestorben. Heute Morgen in der Messe haben wir für ihn gebetet.

Ich habe versucht, diese letzten Wochen in der Abtei zu Wochen besonderer Sammlung zu machen, zu einer Art Einkehrzeit innerhalb einer Einkehrzeit. Ich wollte nicht, dass die letzten Wochen zu einer Art geistigen Kofferpackens würden, sondern es sollten Wochen eines tieferen Sicheinlassens in die Erfahrung des Mönchslebens werden. Der Advent ist da sehr hilfreich. Seit der Advent begonnen hat, empfinde ich großen Frieden und innere Ruhe. Ich habe mich genügend an das Leben und die Menschen hier gewöhnt, um mich zu Hause zu

fühlen. Ich muss nicht allzu viel Handarbeit verrichten, und was ich
tue, ist Routinearbeit in der Bäckerei und mit den Steinen. Ich verspüre nicht besonders stark den Wunsch, große Werke zu lesen oder
neuen Stoff und neue Ideen zu sammeln. So bin ich ziemlich frei,
mich vor allem dem Gebet, der Schriftlesung und ganz einfach einer
stillen Lebensweise zu widmen. Zuweilen habe ich ein leichtes
Schuldgefühl, dass ich mich nicht stärker bei der Arbeit einsetze,
denn alle sind so beschäftigt mit der neuen Kirche. Aber ich sehe ein,
dass diese Schuldgefühle falsch sind und dass ich mich nicht von ihnen verleiten lassen sollte. Zuweilen reizt es mich, mich in irgendein
neues Buch zu vergraben, aber dann geht mir auf, dass das nicht das
ist, worauf es ankommt, und ich lasse diese Anwandlung als Versu-
chung vorübergehen. Ich versuche einfach, still zu sein, die Haltung
der Erwartung des Kommens des Herrn in meinem Herzen wachsen
zu lassen und mich schlicht und einfach zu freuen, dass ich hier und
jetzt leben darf.

Stille, Ruhe, innere Ausgeglichenheit, friedvolle Freude, Güte: das
sind die Empfindungen, die mein augenblickliches Leben beschreiben.
Keine großen Gefühle der Feindseligkeit oder Enttäuschung, keine besonderen Ängste im Hinblick auf meinen Weggang von hier, keine Be-
fürchtungen angesichts meiner Heimkehr. Nichts von alldem. Keine
Besorgnis, selbst nicht um die gesellschaftlich-wirtschaftliche oder politische Zukunft. Ich habe heute die Zeitung gelesen, und obwohl die
vergangene Woche keineswegs besser als die Woche zuvor war, so
war ich doch nicht besonders verwirrt oder beunruhigt. Den größten
Teil des Nachmittags habe ich damit verbracht, glitschige, schnee-
bedeckte Steine, die für die Innenwände gebraucht werden, in die
Kirche zu schleppen. Zuweilen meinte ich, einen Stein, den ich im
Juni im Bachbett aufgelesen hatte, wiederzuerkennen. Ich freute mich
darüber und war voll freundschaftlicher Gefühle für Menschen und
Steine. Ich sprach, wann ich wollte, und ich war still, wann ich
wollte. Und ob ich das eine oder das andere tat, schien wirklich nicht
viel auszumachen. Ich fühle mich mit Gott und der Welt versöhnt und
von tiefem innerem Frieden erfüllt, und weder Lärm noch Worte,
noch Arbeiten scheinen einen solchen Frieden zu stören. Es ist eine
Zeit voller Gnade, und Gott ist spürbar nahe.

Das Leisewerden wagen
Eine Begegnung mit dem Schweigen

von Rainer Schildberger

Als kleines Kind versteckte ich mich manchmal im Kleiderschrank meiner Eltern. Nur zum Spaß. Später, als Schulkind, zog es mich gelegentlich dahin zurück. Immer, wenn ich mich erholen wollte von der Welt. Im Schrank roch es nach Lavendel und altem Holz. Im Sommer drängten sich darin die schweren Mäntel. Im Winter raschelten die leichten Kleider. Ich war geborgen in seiner Stille. Die Wände dämpften jedes Geräusch.

Ich habe mir Lärmfasten verordnet. Zerhackt vom Dröhnen der Stadt, zerrieben von den hundert Neuigkeiten täglich. Wund vom Sprechen und Besprochen-Werden. Schweigen will ich. Eine Woche nicht erreichbar sein. In der dünn besiedelten Nordeifel liegt das Kloster Mariawald. Hier leben die Trappisten. Die Schweigemönche. Bei Ihnen will ich es wagen. Das Leisewerden.

Ankunft in der Dämmerung. Pater Robert begrüßt mich. Ein stämmiger Mann mit kahl geschorenem Kopf und verschmitztem Lächeln. Er ist einer von achtzehn Mönchen des Klosters. Der Dreiundvierzigjährige lebt seit zwei Jahrzehnten in Mariawald, kümmert sich um die Gäste. Er darf in dieser Funktion mehr sprechen als seine Mitbrüder, die selten mit den Besuchern zu tun haben. „Schweigen ist wichtig", sagt er und wird dabei ernst, „um vor der Wirklichkeit nicht länger zu fliehen."

Der Gästetrakt. Ein langer schummriger Flur mit vielen Türen. Ein von unzähligen Besuchern abgewetzter Teppichboden. Mein Zimmer ist ein komfortabler, beheizter Raum mit großem Fenster, das einen weiten Blick über die winterliche Eifel gestattet. Die Einrichtung karg: Tisch, Stuhl, Schrank, Bett. Ein Waschbecken. Ein Marienbild. Die schweigsame Gottesmutter, stumm geworden, den blutverschmierten Sohn in den Armen. Weit scheint der Weg, in diesem verzweifelten Schweigen die frohe Botschaft zu hören. Werde ich es hier aushalten? „Um Gott begegnen zu können, muss man in die Einsamkeit und in die Stille gehen", sagt Pater Robert, der mir anscheinend die Frage vom Gesicht abgelesen hat. „Mir ist noch kein Tag langweilig geworden."

Er händigt mir das Faltblatt mit den zeitlichen Abläufen und der Hausordnung aus. 3.30 Uhr Vigil, 7.00 Uhr Laudes, 10.00 Uhr Terz, 12.00 Uhr Sext, 14.00 Uhr Non, 17.00 Uhr Vesper, 19.30 Uhr Komplet. Stundengebete. Die Teilnahme ist nicht verpflichtend. Dazwischen drei Mahlzeiten und Arbeitszeiten. Zwischen 20.00 Uhr am Abend und 8.00 Uhr am nächsten Morgen herrscht striktes Schweigegebot. Nicht einmal ein Grüßen ist erlaubt. Nirgends. „Um ganz frei zu sein für das Gebet", erklärt Robert. „Darüber hinaus bemühen wir uns, im Laufe des Tages nur das Notwendigste zu sagen, was die Arbeit betrifft, was die zwischenmenschlichen Bereiche betrifft. Leichtfertige Rede, irgendwelche Witze, das soll eben verpönt sein."

Komplet. Das letzte Chorgebet eine Stunde vor dem Schlafengehen. Ich stehe auf der unbeleuchteten Empore. Verschluckt von der Dunkelheit. Nur unten im Kirchenschiff spärliches Licht. Eine Kerze vor einer Marienstatue. Es ist kalt. Die Mönche haben sich in weiße Kutten gehüllt. Ein Klopfen und alle fallen auf die Knie zum Gebet. Noch ein Klopfen und die großen, schweren Bücher werden aufgeschlagen. Pater Robert drückt einen Ton auf einem kleinen unscheinbaren Keyboard unter seinem Pult. Das ist das Signal, aus dem Schweigen in kraftvollen Gesang überzuwechseln. Der Weg nach innen beginnt.

Bevor die Klosterpforte geschlossen wird, gehe ich noch einmal hinaus in die sternenklare Nacht. Pater Robert begleitet mich. Erfragt mein Befinden. „Manche Gäste können die Stille nur schwer ertragen", sagt er. „Aber das ist normal. Wer schweigt, wird mit sich selbst konfrontiert, mit vielem, was nicht aufgearbeitet worden ist. Das waren damals auch bei mir ziemliche Erschütterungen in meinem Leben." Der Schnee knirscht unter unseren Füßen. Die weißen Mauern des Klosters scheinen verwachsen mit den Winterhügeln. Dach und Kirchturm schweben darüber. „Man entwickelt eine Liebe fürs Detail", meint Robert. „Man sieht plötzlich die Schönheit einer kleinen Pflanze. Oder man hört den Wind oder das Knacken des Eises in den Bäumen, wenn es auftaut. Das wirkt irgendwie doch befreiend."

Acht Uhr. Ich sollte schlafen. In siebeneinhalb Stunden beginnt der Tag im Kloster wieder. Aber der mitgebrachte Rhythmus der Stadt klopft weiter. Ich schleiche durch den Korridor. Nirgends ein Geräusch, hinter keiner Tür. Bin ich der einzige Gast? Ich durchforste das Bücherregal im Aufenthaltsraum. Ich hole mir ein Glas Wasser. Ich knipse das Licht an und aus. Bis ich bemerke, wie laut ich bin. Ich lege mich ins Bett, suche Halt in einem Buch. Worte der Wüsteneremiten. Johannes Klimakos: „Der Anfang der Herzensruhe ist, Geräusche abzuwehren, die bis auf den Grund Unruhe verursachen. Das Ende dieser dagegen ist, sich nicht vor Beunruhigungen zu fürchten, sondern ihnen gegenüber unempfindlich zu bleiben."

Ich höre dem Leuchten der Glühlampe zu. Bilde mir ein Surren ein. Ich wusste nicht, dass es Steigerungen von still gibt. Wenn nichts mehr knackt und nichts mehr knistert. Die roten Zahlen auf meinem Wecker werden dick, werden dünn. Irgendwann Schritte auf dem Flur. Ich bin doch nicht allein. Ich öffne das Fenster und eisige Februarluft schneidet in das Durcheinander im Kopf. Eine Weile noch betrachte ich das stumm funkelnde, gefällige Netz der Sterne, bis ich mich endlich still bekommen habe. Vielleicht auch nur müde geschaut.

Der nächste Tag. Aufbruch in der Dunkelheit. Aussicht auf viele Stunden Schweigen. Meine Schuhe quatschen auf dem Flurboden, meine Schritte poltern über Treppenstufen, Türen fallen hörbar ins Schloss. So sehr ich mich auch bemühe, ich kann nicht leiser sein. Ich nehme Aufstellung im abgeteilten Gästeblock der Kirche. Allein. Hinter einem schmiedeeisernen Gitter stehen ein Dutzend Mönche. Auf das Morgenprogramm konzentriert. Über dem Chorgestühl fahles Neonlicht. Ich schlage das Stundenbuch auf. Psalmen.

„Vom Seufzen bin ich erschöpft", psalmodieren die Männer, „jede Nacht benetze ich weinend mein Bett. Gealtert bin ich wegen all meiner Gegner. Weicht zurück von mir, all ihr Frevler." Worte aus einer anderen Welt. Ein fremder Geschmack auf der Zunge. Ich kann das nicht mitsprechen. „Gehört hat der Herr mein Flehen. In Schmach und Verstörung fallen all meine Feinde, sie müssen zugrunde gehen." Doch nach und nach erreicht mich die seltsame Botschaft, weichen mich die Worte ein und wecken die unbestimmte Erinnerung an einen Traum der vergangenen Nacht. Darin war ich angeklagt, durfte nicht sprechen, musste schweigend ertragen. Gab es da nicht auch ein Lachen der Frevler auf meine Kosten? „Gelobt sei der Herr, der uns ihren Zähnen zum Raub nicht preisgab. Unsere Seele ist wie ein Vogel dem Netz des Jägers entkommen." Auf die Kirchenfenster malt sich nach und nach das Morgenrot. In meinem Kopf vibriert die Litanei der Mönche. „Das Netz ist zerrissen und wir sind frei", spreche ich irgendwann mit ihnen mit.

Halb acht am Morgen. Im Aufenthaltsraum deckt Pater Robert den Tisch. Die schwarze Kapuze hat er über den Kopf gezogen. Ich will „Guten Morgen" sagen, halte mich aber in letzter Sekunde zurück. Es ist immer noch absolute Schweigezeit. Er nickt mir zu und reibt zwei Fäuste übereinander. Ein Zeichen, das ich nicht verstehe, aber, wie sich bald herausstellt, Kaffee bedeutet. Eins von gut zwei Dutzend Zeichen, die bei den Trappisten noch heute im Gebrauch sind. Früher, in den strengeren Zeiten, waren es einmal über zweihundert. All das erfahre ich aber erst später vom Gastpater. „Ein Wort durchtrennt immer einen Raum und es entsteht ein Geräusch. Während ein Zeichen die Stille des Raumes wahrt."

Mit am Frühstückstisch ein weiterer Gast. Ein schlanker, ergrauter Herr Mitte sechzig. Gepflegte Erscheinung mit ernstem, distanziertem Blick. Er wäre wohl lieber allein. Wie selbstverständlich spricht er ein Tischgebet. Wir sitzen uns still gegenüber. Schauen aneinander vorbei. Das ist irritierend und schwer zu ertragen. Ab und zu freundliche, stumme Handreichungen. Die Butter, die Milch, das Brot. Ein Lächeln. Dann geht jeder ohne ein Wort in den Tag.

Das herrliche Licht lockt mich hinaus zu einem Spaziergang in die angrenzenden Wälder. Und schnell sind die ersten Fragen losgetreten. Wie lebe ich eigentlich? Warum ständig dieses Sich-beweisen-Müssen? Immer wieder bleibe ich stehen. Lausche. Wie genau hier alles zu hören ist. Plötzlich knackt es im Unterholz. Ein Reh steht wie angewurzelt. Wie lange habe ich kein Reh mehr gesehen? Wir verharren Auge in Auge. Dann springt es davon, lässt mich mit einem Glücksgefühl zurück. Von einer Anhöhe schaue ich auf das Kloster, die besonnten, blendenden Hügel, die weiß bestäubten Tannen. Doch bevor ich mich aus der Zeit träumen kann, zerreißt von irgendwoher das Dröhnen eines Hubschraubers die Idylle. Auch das Kloster ist Teil dieser Welt. Auf dem kleinen Friedhof dreht der alte Herr unbeirrt seine Gebetsrunden.

Zum Mittagessen sind zwei neue Gäste angekommen. Die Brüder Kunze. Freundliche Leute mit offenen Gesichtern. An einem Gespräch interessiert. Aber der alte Herr möchte, dass am Tisch geschwiegen wird. Also lauschen alle der Stimme des Vorlesers. Direktübertragung aus dem Refektorium. „Die neunte Stufe der Demut", knarzt es aus zwei kleinen Lautsprechern. „Der Mönch redet nicht, bis er gefragt wird. Zeigt doch die Schrift: Bei vielem Reden entgeht man der Sünde nicht. Der Schwätzer hat keine Richtung." Die Brüder Kunze spitzen die Lippen. Im Refektorium kratzen Essbestecke auf Metalltellern.

Später beim gemeinsamen Abwaschen vorsichtiges Abtasten. Knappe Konversation unter Fremden. Zahnarzt Dr. Kunze kommt jedes Jahr. Fast schon eine Sucht. Er redet gern. Für ihn hängt an jedem Zahn auch ein Mensch. Diesmal ist er hier, um alte Tagebücher aufzuarbeiten und um mal wieder mit dem Bruder in aller Ruhe zu sprechen. Physiker Kunze deutet eine berufliche Krise an und die Flucht vor dem Karneval. Und auch der alte Herr bricht sein Schweigen. Ein Pfarrer kommt zum Vorschein. „Ich komme fünf-, sechsmal im Jahr", sagt Günter Feilen. „Ich habe einen roten Faden in meinem Leben gefunden. Man muss auch mal auftanken, zur Quelle gehen. Ich bin auch als Seelsorger kein Fass ohne Boden. Hier bei den Mönchen, entdecke ich eine ganz andere Seite an mir. Ich möchte nicht gelebt werden durch Tagesparolen." Doch schon wieder läuten Glocken, unterbricht ihr forderndes Geräusch den Gedankenaustausch. Wir werden daran erinnert, weswegen wir alle hier sind.

Am Nachmittag erkunde ich das weitläufige klösterliche Areal. Von den Mönchen ist niemand zu sehen. Nur im Stall überrasche ich Bruder Jordan, den Pferdezüchter, bei einem Gespräch mit den Tieren. Als er mich bemerkt, verstummt er auf der Stelle. Kaum ein Dutzend Sätze hat der Tag für mich. Ich will mit jemandem reden. Ich versuche zu Hause anzurufen. Doch hier haben sie nur einen alten Münzfernsprecher, der noch mit D-Mark funktioniert. Ich suche Pater Robert. Er sitzt in einem Nebenraum der Pförtnerloge und hört Musik.

„Ich war früher musikalisch sehr interessiert", sagt er und stellt das Violinkonzert ab. „Gustav Mahler, Bruckner und all diese schweren Knochen, und ich hab nie denken können, dass ich mal davon loskommen könnte. Die ersten fünf, sechs Jahre hier habe ich keine Schallplatten mehr gehört. Neuerdings haben wir gerade aus dem Bereich der Oper einiges geschenkt bekommen." Pater Roberts linkes Ohr färbt sich rot vor Begeisterung. „Ich höre jetzt mit ganz anderen Augen. Natürlich darf man die anderen nicht stören und nicht so viel konsumieren, dass man das Gespür für Gottes Anruf verliert. Und es ist auch immer wieder so, nach einer halben Stunde oder höchstens mal einer Stunde merkt man, das war sehr schön, aber diese Stille jetzt, die ist noch viel schöner, da lebt man noch viel intensiver."

Wir setzen uns und er bietet mir einen Kräutertee an. Sein Ohr wird wieder hell. „Aber das ist auch ein langer, schwieriger Lernprozess", sagt er. „Zum Beispiel, dass man, wenn man äußerlich schweigt, nicht anfängt, innerlich um so mehr zu reden. Oder anfängt, Selbstgespräche zu führen. Nicht über die Mitbrüder richtet oder irgendwelchen Lieblingsgedanken anhängt. Und trotzdem alle Gedanken, die einen bedrängen, ausspricht, damit sie von Gott weggenommen werden können."

Wieder allein im Zimmer. Der Wind reißt an den Bäumen. Regen peitscht gegen das Fenster. In meinem Kopf ein seltsames, immergleiches Summen, das ich bisher nicht kannte. Ich sitze am Schreibtisch und versuche Notizen zu machen. Mir ist, als hätte mir jemand Filter aus den Ohren genommen. Töne suchen mich. Innere Stimmen? Plötzlich der Sturz in mich selbst. Ich bin ein Fremdling. Bildfetzen jagen einander. Mitgestrudelt. Wasser geschluckt, Wellen geritten. Sterne gesehen, Tränen gekotzt, Leben geschenkt, Liebe vergessen. Damals hätte ich um diese Liebe kämpfen müssen. Es ging nicht. Es ging nicht mehr. Und was willst du hier bei den lebenden Toten? Antworten? Dass ich nicht lache. Jetzt eine Zeitung. Klatsch und Tratsch und die Bundesligaergebnisse. Was mache ich morgen den ganzen Tag? Was für ein Glück es sein muss, Mönch zu sein. Blödsinn! Ich will Krach machen, ich möchte tanzen, ich brauche Frauenlachen. Du suchst gar nicht wirklich, oder? Klugscheißer! Ich hab schon so vieles entdeckt, was ich gar nicht finden wollte. Und? War Gott dabei?

Aus! Schluss! Aus! Es brennt, es sticht, es schmerzt. Ich flüchte in das Gebet, das mich die Mönche vom Berg Athos vor Jahren lehrten: Kyrie eleison. Hundertmal. Zweihundertmal sage ich diesen Satz. Bald ist nur noch dieses Wort da: Herr, erbarme dich! Es ist überall. Es bringt mich zum Schweigen. Ich höre dem Regen vor dem Fenster zu.

„Es kommen verhältnismäßig viele Leute hierher, die dieses Schweigen gerne leben möchten", erklärt Pater Robert am nächsten Tag. Er führt mich durch das Kloster. Schlichte, helle Räume ohne Zierrat. „Jeder ist angetan von der Stille, fast ein bisschen idyllisch. Aber wenn die dann länger hier sind, merken sie, ja, das ist eine menschliche Gruppe. Da gibt es mitunter Spannungen, Eigenheiten und auch den einen oder anderen Mitbruder, der einem auf die Nerven gehen kann. Die meisten packen das dann nicht. Und schwieriger als das Schweigen ist eigentlich die Einsamkeit. Ich erinnere mich", sagt Robert und zeigt hinaus auf den Klosterhof, „einmal sonntags, im Sommer war das, in den Anfangsjahren, stand ich da an der Mauer in der Sonne und dachte: He, du musst jetzt dein ganzes Leben hier hinter der Mauer bleiben. Ja, das hast du so gewollt."

Im Refektorium dieselbe einfache Sprache des Raumes. Stühle ohne Lehnen, grobe Tische mit Blechgeschirr, Holzbesteck und Tonkrügen darauf. „Jeder lebt hier ein Stück weit auf dem Präsentierteller vor den anderen", sagt Pater Robert. „Man sieht das öfter, dass Mitbrüder Nöte haben, dass sie es aber noch nicht richtig ins Wort bringen können oder im Moment noch bei sich bewahren möchten. Dann darf man sich da nicht einmischen."

Robert öffnet eine Tür am Ende eines hallenden Flures und zeigt mir den wohl seltsamsten und vielsagendsten Raum des Klosters: Das Redezimmer. Ein kahler Raum ohne Möbel. Schwaches Tageslicht fällt durch zwei schmale Luken. Ein abweisender Ort. Eine Zuflucht für jene, die es in der Stille nicht immer aushalten. „Es kommt vor", meint Robert schmunzelnd, „dass sich einer mal nicht so zusammenreißen kann und sich in einen Redefluss ergeht. So wie ich jetzt. Aber ich bin auch froh, dass ich diesen Dienst habe, der mich mit Menschen zusammenführt. Das ist schon sehr gut balanciert. Aber es gibt auch andere hier, die möchten sich abends nach der Arbeit oder den Gottesdiensten mal unterhalten. Und das ist dann nicht drin."

Das Scriptorium. Der Schreib- und Lesesaal ist ein sonniger Raum
mit großen Fenstern nach Süden und Westen. In drei Reihen stehen
Pulte mit Schublade und kleinem Schränkchen. „Das ist das Einzige",
sagt Robert, „was jeder hier privat hat. Wer das Pult eines Mitbruders
öffnet, muss das Kloster verlassen."

Vier Tage sind vergangen. Ich wehre mich nicht mehr, folge den
Gebetsappellen. Hungere nach Worten. Ernähre mich von Psalmen.
„Ich bin wie ein Schlauch voller Risse ... Wie viel Tage bleiben noch
deinem Knecht ... Ich habe mein Geschick erzählt, und du erhörtest
mich." Gedanken kommen, ziehen weiter. Bleiben hängen, lösen sich
auf. Ich meide Gespräche, will mich nicht mit der Welt der anderen vermischen. Ich bin schwer und leicht zugleich. Einen Stein im
Mund, einen hellen Satz gereinigter Wörter auf der Zunge. „Halte
mich fern vom Weg der Lüge ... Lass mich den Weg deiner Befehle
begreifen."

Und Pater Robert weiß: „Es sind ganz schlichte Worte, die Gott in
einem aufsteigen lässt. Also zum Beispiel: ‚Gott ist die Liebe.' Das
klingt zunächst vollkommen abgegriffen oder unverständlich. Aber
wenn man mit diesem Wort jahrein, jahraus lebt, gewinnt es einen
inneren Reichtum, den es vorher nicht hatte."

Eine Woche ist vorbei. Letzter Tag. Nebel. Die Straße ist verschwunden, das Kloster eingehüllt. Landschaft? Es gibt sie nicht
mehr. Nur noch das möblierte Zimmer, das sich Seele nennt. Ein
Raum an Bord eines steinernen Segelschiffes, das abseits der dröhnen-
den Routen gemächlich und lautlos seine Bahn zieht. Bin ich das gewesen, der vor kurzem noch nervös Ausschau hielt nach Telefon-
zellen, einem Ausflugsziel, den vertrauten Ankerplätzen? Der schlecht
träumte und durch den Märchenwald der Erinnerungen irrte? Jetzt
keine Schritte tun, keine Schuhe knarren lassen. Keinen Stuhl ver-
rücken. Nichts schreiben, suchen, wollen.

„Das sind die Augenblicke, die einem geschenkt werden", sagt
Pfarrer Feilen in einem letzten Gespräch. „Das ist für mich Gnade.
Und auch wenn ich nach wenigen Tagen wieder im alten Trott bin,
hält das noch eine Weile vor. Spreche ich anders, höre ich besser hin.
Das ist etwas, was mich beflügelt, auch wenn ich traurig bin, depri-
miert, enttäuscht. Dann nehme ich mich plötzlich zurück und sage:

Das ist im Grunde alles gar nicht so wichtig. Das Eigentliche spielt sich auf einer ganz anderen Ebene ab."

Die letzte Minute Stille. Ich stehe im Regen am Waldrand vor meinem Auto. Das Gepäck verladen. Die Straßenkarte schon im Kopf. Es ist ein zärtlicher Regen. Ich lasse mich streicheln, einfangen von seinem sanften Geplauder. Ist das die Gegenwart Gottes? Ich weiß es nicht. Aber es ist ein wunderbares Gefühl, mit dem Regen und dem Leben einverstanden zu sein.

Und auch in der Kindheit war es dann irgendwann gut. Mein Bruder wusste von meinem Versteck. Er klopfte an den Kleiderschrank und holte mich zu den anderen. Im sonnigen Hof jagten sie mit lautem Geschrei dem Ball nach. Ich rannte hinterher. Sie jubelten, als das Tor fiel. Ich schrie aus voller Kehle mit. Den Schrank hatte ich vergessen.

Das Haus an der Obstbaumwiese
Ein Kloster neben dem Kloster

von Cornelius Bormann

Juliane hatte nur ihre Tasche abgestellt und sich selbst noch nicht einmal hingesetzt. Sie stand vor dem Fenster und betrachtete wie gebannt das Bild, das sich ihr bot. Ein großes Bild, ein wunderschönes Gemälde, von der Decke bis zum Boden und nahezu die gesamte Breite des Raumes einnehmend. Sie stand und betrachtete es wie gebannt.

Ein Obstgarten, leicht nach links hin zur Stadt abfallend. Die Apfelbäume im Vordergrund trugen an diesem 23. April 2003 noch keine Blüten oder Blätter, aber weiter hinten die Kirschbäume standen in voller Blüte. Hinter den Bäumen, nach links hin waren einige Dächer zu sehen, auch Fenster. Dort wohnten also die Bürger der Stadt Meschede. Und hinter all dem, weit in die Tiefe reichend, von einer Bildseite bis zur anderen erstreckten sich die Berge des Sauerlandes, mit Wiesen und Wäldern, genau in der Mitte ein ansteigender Weg. Den Weg könnte ich einmal gehen, dachte Juliane.

Juliane war für ein paar Tage nach Meschede gekommen, weil eine Bekannte ihr von dem Benediktinerkloster erzählt hatte. Das vergangene Jahr war nicht ihr Jahr gewesen. Ziemlich überraschend war ihr Lieblingsonkel an Darmkrebs gestorben, ihre Mutter hatte sie wegen immer stärkerer Altersverwirrtheit in ein Heim für betreutes Wohnen bringen müssen, ihr Sohn galt in der Schule als Versager. Juliane wusste nicht mehr weiter und suchte einen neuen Haftpunkt. Früher als junges Mädchen hatte sie zur Katholischen Jugend gehört, aber das war lange her. Was lange her ist, muss nicht falsch sein, sagte sie sich und folgte der Empfehlung der Bekannten. Sie meldete sich als Einzelgast für das „Haus der Stille" an, einfach abschalten wollte sie, auch eine Begleitung durch einen der Mönche wäre schon zu viel gewesen.

Die Planungen für dieses „Haus der Stille" reichen bis in die neunziger Jahre des vergangenen Jahrhunderts zurück. Immer häufiger wurden Bitten an das Benediktinerkloster in Meschede herangetragen, einige Zeit der Zurückgezogenheit hier verbringen zu können. Das Abteigebäude selbst war nicht geeignet für solche Wünsche, auch die bestehende „Oase" als Gästehaus für Jugendliche kam nicht in Frage. So verdichtete sich bei dem damaligen Abt Stefan Schröer immer stärker der Plan, ein „Kloster" neben dem Kloster zu bauen, in dem alles vorhanden sein sollte, was ein richtiges Kloster auszeichnet, und in dem Gäste, Frauen und Männer, für ein paar Tage leben können, um dann wieder fortzuziehen.

Pater Abraham Fischer, der die Schmiede des Klosters leitet, wurde in die vorbereitenden Überlegungen für dieses „Haus der Stille" – wie man das Projekt nannte – mit einbezogen. Wie bei einem Menschen sich Außen und Innen entsprechen, der Ausdruck des Gesichtes dem Denken im Kopf und dem Fühlen im Herzen entspricht, so sollten sich auch bei einem solchen Gebäude außen und innen entsprechen. Ein Haus sollte entstehen, das funktional ist für seelische Prozesse. So wie eine gute Schule funktional ist für pädagogische Prozesse oder eine gute Werkshalle funktional ist für die Produktion von Gegenständen. Ein Haus sollte entstehen, in dem die Besucher ihre Seele waschen könnten. Es sollten Bedingungen geschaffen werden, in denen der unsensible und überflüssige Kladderadatsch des Lebens langsam verschwinden würde. Der Architekt Peter Kulka, der bereits für die Klosterkirche, das Kloster und die Oase gearbeitet hatte, wurde hinzugezogen. Er schuf ein Gebilde, in dem die Proportionen stimmen, in dem alles klar und wahr ist und alles Überflüssige fehlt.

Damit Menschen eine solche Klarheit erfahren können, arbeiten Mathematik und Architektur mit der Regel des goldenen Schnittes: „Das Ganze verhält sich zum größeren Teil wie der größere zum kleineren Teil." Der Architekt Peter Kulka ordnete die Abmessungen des Hauses der Stille dieser harmonischen Regel unter, die am leichtesten durch das Beispiel des Kreuzes zu erläutern ist: Der gesamte Längsbalken verhält sich zum unteren Teil wie der Teil unter dem Querbalken zum Teil über dem Querbalken. Harmonie im Kreuz.

Langsam löste Juliane sich von dem Obstgartengemälde, das sie vielleicht 15 Minuten betrachtet hatte, und wandte sich nun erst dem Zimmer zu. Dem Zimmer 02, das in den nächsten Tagen ihr Raum sein sollte. Ein kleiner Schreibtisch stand da, mit einem Stuhl, hölzern und cremefarben gestrichen. Das war eine Farbe, die sie mochte. Auch der kleine Sessel – das Wort „Sessel" passte eigentlich nicht –, der kleine lederbezogene Stuhl mit Lehnen war von heller und froher Farbe. Hier würde sie sitzen, aus dem großen Fenster schauen und lesen. Dazu hatte sie Lust. Ob sie an dem Schreibtisch etwas schreiben würde, wusste sie noch nicht. Wahrscheinlich eher nicht. Hinter ihr ein kleines Regal mit der Bibel, einem evangelischen Meditationsbuch und der Regel des hl. Benedikt. Nun gut. Das Bett. Ein eingebauter Wandschrank. Und dahinter das Bad mit Geräten und Armaturen, die so modern und elegant waren, dass jedes Superhotel auf sie stolz gewesen wäre.

Alles passte. Nichts war überflüssig oder störte. Juliane wurde ziemlich schnell bewusst, dass dies vor allem den Wänden zu verdanken war. Den nackten Wänden. Sie strich über die Wände, die sich glatt und weich und fein anfühlten. Man spürte die Fugen, bei denen eine Platte auf die andere stieß. Aber auch diese Fugen störten nicht. So schön konnte Sichtbeton sein. Juliane verstand nichts von Baumaterialien. Sie hatte früher einmal gehört, dass Sichtbeton für Architekten und Maurer ein angenehmer Baustoff wäre, der nur den Nachteil hatte, dass er sehr schnell porös und grau und unansehnlich wurde. Für diesen Beton im Zimmer 02 galt dies offensichtlich nicht. Er war von einem schönen und glatten Grau.

Juliane untersuchte die Betonwände genauer. Betonplatten waren aufeinander gesetzt, rechteckige Betonplatten, jede etwa zwei Meter breit und einen Meter hoch. In der Länge standen vier Platten nebeneinander, das Zimmer hatte also eine Tiefe von etwa acht Metern. In der Höhe waren zweieinhalb Platten übereinander gesetzt, der Raum hatte also eine Höhe von etwa zweieinhalb Metern. In jeder Platte waren zwei Tischtennisball große Löcher erhalten. Nicht einmal die hatte man verputzt. Nichts hatte man verputzt. Nichts hatte man versteckt. Kein Putz. Kein Anstrich. Keine Tapete. Nur nackte Betonplatten mit zwei Löchern. (Erst später erfuhr Juliane, dass in den Löchern

einst die Metallstangen gesteckt hatten, mit denen die Holzverschalung gehalten wurde, in die der flüssige Beton hineingegossen wurde.
Holzverschalung und Stangen waren entfernt worden, aber die Löcher blieben.)

Abt Stefan Schröer, Pater Abraham Fischer und Architekt Peter Kulka
waren sich in ihren Gesprächen einig geworden, ein Haus, besser: ein
Gehäuse zu bauen, in dem der Kladderadatsch des Alltags reduziert
wird auf die wahre Fülle des Lebens. Das klingt sehr theoretisch, sehr
philosophisch oder sogar theologisch. Aber gemeint war damit, dass
den Gästen keine leeren Barackenräume irgendeines Notaufnahme-
lagers zugemutet werden sollten, in denen man als erstbeste Tat einen
Pinsel nimmt und die Wände mit bunten Bildern bemalt, weil man
sonst binnen zehn Minuten an Langeweile stirbt. Nein. In diesem Gehäuse sollte den Gästen deutlich werden, dass es das Schönste im Leben ist – wiederum mit theologischen Worten –, ein Ebenbild Gottes
zu sein. Gott ist der Schöpfer der Schöpfung. Das Schönste im Leben
ist es, kreativ zu sein. So wie Er. Und so gewann der Arbeitsbegriff
vom „Haus der Stille" in den Gesprächen von Abt Stefan Schröer,
Pater Abraham Fischer und Architekt Peter Kulka immer mehr an Bedeutung. Aus der „Stille" heraus, aus der Ruhe heraus „stille" ich meinen Hunger und meinen Durst. So wie Gott ruhte, bevor und nachdem er die Schöpfung schuf. Aus der Ruhe heraus war Gott kreativ. So
meinten die drei, der Abt, der Pater und der Architekt, ein Schabbat-
Haus zu schaffen, in dem man sich nicht zur Ruhe setzt, sondern in
dem man aus der Stille Reserven ziehen kann für neues Leben.

Dennoch ist „Haus der Stille" keine schöne Bezeichnung für ein
so anspruchsvolles Unternehmen. Häuser der Stille gibt es allerorten
und überdies versteht jeder unter „Stille" etwas anderes. Stille kann
auf sehr unterschiedliche Art gefüllt werden. Vielleicht entdecken die
Mönche irgendwann einmal einen anderen Namen für dieses stille
Haus an der Obstbaumwiese.

Juliane hatte sich schon über eine Stunde in ihrem Zimmer 02 aufge-
halten und dabei immer wieder auf das große rechteckige Obstbaum-
gartengemälde geschaut. Augenblicke gab es, in denen sie sich selbst

völlig vergaß und das Gefühl immer stärker wurde, im Obstbaumgarten zu sein. Oder der Obstbaumgarten im Raum. Oder: Sie meinte, die Löwenzahnpflanzen pflücken zu können, aber dann wollte sie es doch lassen, weil sie dabei sicherlich die hellgrünen, ziemlich großen Vögel verscheucht hätte, die über den Rasen liefen und deren Namen sie nicht kannte. Oder: Die Schuhe hatte sie schon einmal ausgezogen, denn sie wollte barfuß über den Rasen laufen. Erst jetzt wurde Juliane klar, dass es eigentlich nur zwei Bilder in diesem Raum gab: den großen Obstbaumgarten da draußen/drinnen und sich selbst da drinnen/draußen. Obwohl sie sich ja tatsächlich im Zimmer aufhielt und obwohl sie wusste, dass die Glasscheibe sie von den Bäumen draußen trennte, hatte sie das Gefühl, noch nie so intensiv in der Natur und mit der Natur gelebt zu haben. Sie machte gerne lange Spaziergänge durch den Park ihrer Heimatstadt Diemelburg, beobachtete die Schmetterlinge und roch auch schon einmal an einzelnen Blüten. Aber dies hier war etwas anderes. Dies hier war kreativ. Aus ihrer hohen Warte schaute sie auf den Obstgarten herab und sah, dass er gut war. Das machte sie glücklich.

Einen einzigen Gegenstand gab es in ihrem Zimmer – und, wie sie später feststellte, in allen anderen zwanzig Räumen auch –, der nicht praktisch nutzbar war. Schreibtisch, Stuhl und Schrank und Bett brauchte der Mensch nun einmal, aber die kleine Platte aus Edelstahl, die neben der Tür hing, war kein Nutzgegenstand. Eine rechteckige Platte aus Edelstahl, in der mit feinem Strich ein Kreuz eingeritzt ist. Die unteren zwei Drittel der Platte sind quer poliert und glänzen, das obere Drittel ist längs poliert und matt. Der Querbalken des Kreuzes reicht bis an die Ränder der Platte, der Längsbalken steht auf dem unteren Rand, aber er reicht nicht bis an den oberen Rand. Das Kreuz steht auf der Erde, aber es erreicht den Himmel nicht. Nichts hängt an den Betonwänden außer diesem Kreuz. Klein und bescheiden neben der Tür, aber dennoch. Da hängt es. Genau dies irritierte Juliane. Der Obstgarten war so schön und löste allen Stress. Das Kreuz war etwas anderes.

Tatsächlich gibt es in der gegenwärtigen Theologie zwei Grundströmungen, die sich zwar nicht ausschließen, die aber doch gegenläufig sind. Der Obstgarten und die Edelstahlplatte können als kennzeichnende Bilder genommen werden. Der Obstgarten steht in seinem duftenden Frühjahrsleuchten für die Güte einer Schöpfung, die alles für die Menschen bereithält, wenn wir nur gut und klug mit ihr umgehen. „Nachhaltigkeit" ist das Modewort, mit dem der gute und kluge Umgang mit der Natur charakterisiert wird. Das Gegenteil von Raubbau ist gemeint, eine Haltung, bei der wir ersetzen, was wir der Natur fortnehmen. Die Edelstahlplatte in ihrer schlichten Schönheit steht für die Güte der Erlösung, die den Menschen von seinen Verstrickungen befreit, wenn wir nur daran glauben. „Vergebung der Schuld" ist die uralte Formulierung, die auf das Sehnen der Menschen nach Reinheit antwortet. Um unsere Würde geht es in beiden Fällen: um ein würdevolles Leben in Stadt und Land beziehungsweise um ein würdevolles Leben mit Herz und Seele. Wie es scheint, gibt es Zeiten, in denen mal das eine, mal das andere wichtiger ist. Mir will scheinen, dass gegenwärtig die Theologie der Schöpfung – der Obstgarten – wichtiger ist als die Theologie des Kreuzes – die Edelstahlplatte.

Überlegungen dieser Art sind fremd für Jan-Peter. Er ist vielleicht vierzig Jahre alt. Hoch gewachsen. Ein offenes, freundliches Gesicht, das gerne lacht. Ein Typ, wie jede Mutter ihn gerne als Schwiegersohn hat. Er ist zwar katholisch, aber schon seine Eltern haben von ihrer Kirchenzugehörigkeit keinen Gebrauch gemacht. Er selber hielt es ebenso. Mit seiner technischen Ausbildung arbeitet er für eine Firma, die Vergaser produziert und verschiedene Autofirmen beliefert. Das Geschäft der Firma läuft trotz aller wirtschaftlichen Krisenerscheinungen. Jan-Peter als leitender Mitarbeiter verdient gut. Er und seine Frau haben sich vor einigen Jahren schon ein Haus am Stadtrand von Lennep gebaut und mit Möbeln eingerichtet, die das örtliche Möbelhaus so anbot. Im Januar hat er Geburtstag. In diesem Jahr 2003 tat sich seine Frau besonders schwer, ein schönes Geschenk zu finden. Sie besaßen ja schon alles, was ein Mensch sich so wünschen kann. Eine Kollegin erzählte der Frau, die als Lehrerin an einer Hauptschule unterrichtet, von dem „Haus der Stille", das vor kurzem in dem Benediktinerkloster in Meschede eröffnet worden sei, das sehr modern sein soll, nicht nur als Gebäude, sondern auch in der Art der Veranstaltungen. Warum nicht, dachte sie, warum soll ich meinem Mann nicht einmal etwas völlig anderes zum Geburtstag schenken. Sie besorgte sich das Jahresprogramm und entschied sich für ein Angebot, das genau auf ihren Mann passte:

22. 4. bis 26. 4.
Zur Ruhe kommen
Um neben allen familiären Ansprüchen, überfüllten Terminkalendern und beruflicher Verantwortung nicht aus den Fugen zu geraten, ist es wichtig, immer wieder Zeiten der Orientierung und Ruhe zu suchen. Deshalb sind diese Exerzitientage für Leute aus dem „vollen Leben" gedacht und werden durch ignatianische Akzente geprägt sein.
P. Reinald Rickert OSB
Kosten: 390 Euro

Sie verstand zwar nicht, was mit den „ignatianischen Akzenten" gemeint war, aber ansonsten passte das Angebot genau auf ihren Mann. Und so lag ein Gutschein auf dem Geburtstagstisch in Lennep im Januar 2003. Ein wenig sonderbar fand Jan-Peter es schon, als er im April 2003 nach Meschede fuhr. Kein großes Portal, kein Empfang. Er klingelte. Das Schloss einer schmalen Tür summte. Er stand in einem kleinen Flur. Rechts war auf einem Schildchen neben einer Tür zu lesen: „Pater Ignatius". Ein junger Benediktiner, vielleicht Mitte dreißig, Lockenhaare, ein rundes fröhliches Gesicht, begrüßte ihn, gab ihm den Schlüssel für Raum 14. Alles weitere werde sich finden.

Der Architekt Peter Kulka, unterstützt durch Abt Stefan Schöer und Pater Abraham Fischer, hatte ein klares Konzept ersonnen, in dem jeder sich leicht zurecht finden sollte. Es sollte ein Konzept sein wie im tatsächlichen Leben, es sollte ein Leben sein, „klösterlicher als im Kloster". Am Hang, in die Obstbaumwiese hinein, stellte Peter Kulka zwei „Scheiben", die eine Scheibe breiter, die andere Scheibe schmäler, davon abgesehen aber zwei Scheiben völlig gleichen Ausmaßes. In der einen Scheibe sollte man sich bewegen, in der anderen Scheibe ruhen. Die drei Planer nannten die Scheibe der Bewegung schon bald „Wege-Haus" und die Scheibe des Ruhens schon bald „Seins-Haus".

Von der Pforte des Pater Ignatius im Wege-Haus sieht man die Treppen, die nach oben führen zum Licht, das durch ein Dachfenster einfällt, oder die nach unten führen ins Dunkel. Alle Etagen sind über diese Treppen im Wege-Haus zu erreichen. Nichts als Treppen, so scheint es. Aufzusteigen und abzusteigen. Zu schreiten. Das sauber und formschön gearbeitete Geländer an den Betonwänden der Treppen ist überflüssig. Hier schreitet man in der Mitte der Treppe, ohne sich festzuhalten, ruhig, nach oben oder nach unten. In Würde und Güte. Treppauf und treppab. Ein Wege-Haus. Ein Treppen-Haus. Ein Gänge-Haus. Vier Etagen hat dieses Haus. Und zwischen den Etagen Treppen. In dieser Scheibe nichts als Treppen. Fast nichts sonst.

Licht kommt nur von oben und von einer Seite. Die Außenseite dieser Scheibe ist geschlossen. Kein Fenster, keine Tür. Nur die aufeinander geschichteten Betonplatten. Ein Plattenbau besonderer Art. Die gegenüberliegende Seite ist offen. Von jedem Treppenabsatz führen gläserne Übergänge nach drüben in die andere Scheibe, in das Seins-Haus, das man auch als Wohn-Haus bezeichnen könnte. Der Abstand der beiden Scheiben voneinander beträgt vielleicht drei Meter. Durchsichtig, gläsern sind die Übergänge. Rechts ist die große, aus Backsteinen gefügte Kirche zu sehen, oben der Himmel mit den treibenden Wolken und links öffnet sich ein weiter Blick in das Tal, in dem das Städtchen Meschede liegt. Der Übergang öffnet den Blick nach rechts zu den ruhigen Mönchen und nach links in die geschäftige Gesellschaft. Der Übergang aus dem Treppen-Haus in das Wohn-Haus.

Es sind ja nur ein paar Schritte und nicht nur Jan-Peter, sondern auch Gerhart ist angekommen in seinem vorübergehenden Wohnort Nummer 09. Gerhart ist älter als die übrigen Teilnehmer dieser Exerzitienwoche mit Pater Reinald, er hat wahrscheinlich das fünfzigste Lebensjahr bereits überschritten. Er ist Hauptschullehrer und nutzt die Osterferien, um wieder einmal an sich zu arbeiten. Er kennt die Wohn-Räume im Wohn-Haus, die alle gleich geschnitten und gleich eingerichtet sind, von früheren Aufenthalten. Jeden Tag geht er mehrere Male zurück über den Übergang ins Treppen-Haus, hinab zur Kapelle, die am Ende der Treppen-Scheibe sich über alle Etagen zieht. Es ist sein – „liebster" Ort wäre nicht das richtige Wort – „wichtigs-

ter" Ort. Auch hier Beton und nur Beton. Kein Fenster. Die Höhe ist
dreimal so hoch wie die Grundfläche breit ist. Die einzige Bewegung
in diesem Raum entsteht durch das Licht, das oben durch eine Öffnung, die nicht zu sehen ist, hinabfällt. Mal strahlendes Licht bei
geahntem Sonnenwetter draußen, mal diffuses Licht bei geahntem
verhangenem Himmel. Seine Bestimmung erfährt dieser Raum durch
ein hohes Kreuz und durch ein niedriges Tabernakel. Zu dem hohen
Kreuz muss Gerhart aufblicken. In seinen Proportionen entspricht es
dem Kreuz auf der Edelstahltafel im Wohnort 09. Der Querbalken
reicht von Wand zu Wand, so als müsse er die beiden Seitenwände
abstützen. Der Längsbalken endet wenige Zentimeter über dem Boden, aber reicht oben längst nicht bis zu jenem Bereich, aus dem
das Licht herabfällt. Auch dies ein bodennahes Kreuz, auch dies ein
Kreuz der Verstrickungen in irdische Händel und der Erlösung aus
ihnen. Wenn es nicht so anstrengend für die alten Muskeln wäre,
würde Gerhart gerne noch länger als 15, höchstens 20 Minuten auf
dem kleinen Hocker sitzen und das Tabernakel in Augenhöhe betrachten. Es fällt ihm leichter, sich dieser Gegenwart Gottes in Augenhöhe zu öffnen, als zu dem hohen Kreuz aufzublicken. In einem Text
von Pater Abraham Fischer hat er den Satz gelesen: „Der Raum wird
zu einem mystischen Ruhepol. Er fordert nicht Bewegung und Entscheidung, er lässt die Menschen sein. Das hier verwahrte Allerhei-
ligste ist Raststätte und Wegzehrung der Wandernden."

Es gibt in der gegenwärtigen Architektur einen anderen Raum der Abgeschiedenheit, der an diese Kapelle erinnert – ohne eine Kapelle zu
sein. 1999 plante und baute der Architekt Daniel Libeskind in Berlin
das „Jüdische Museum". Unterirdisch führt in diesem Haus eine
„Achse der Vernichtung" auf eine schwarze Wand zu. Der Boden
steigt an, die schwarz gestrichene Decke bleibt eben, so dass der
Gang, je näher man der Wand am Ende kommt, desto niedriger und
drückender wird. Durch eine schwarze Tür treten die Besucher
einzeln in den „Holocaust-Turm" ein. Die Tür schließt sich. Der Besucher ist allein in einem 24 Meter hohen, leeren, viereckigen Raum,
dessen eine Ecke zu einem spitzen Winkel ausgezogen ist. Dort in
diesem spitzen Winkel befindet sich oben eine Öffnung, durch die

zaghaft Licht fällt und leises Großstadtgeräusch eindringt. Die Wände bestehen aus nackten Betonplatten, aufeinander geschichtet, mit den Malen der Eisenträger der einstigen Holzverschalung. Es ist fast wie in Meschede.

Fast. In der Tat sind die Unterschiede zwischen dem Holocaust-Turm in Berlin und der Kapelle in Meschede groß. Eine Leere erfüllt den Holocaust-Turm, eine Leere nach dem Verlust. Das zaghafte Licht und die leisen Geräusche erwecken Erinnerungen an ein unerreichbar gewordenes Leben. Auf einer Tafel steht, was der Architekt Daniel Libeskind mit diesem Turm erreichen wollte: „Im Holocaust-Turm sind wir isoliert. Zwar können wir Geräusche hören und Licht sehen, doch wir sind abgeschnitten vom Leben draußen und von einer Sicht auf die Stadt. So erinnert der Holocaust-Turm an all die Menschen, die während der Deportation und in den Konzentrationslagern eingesperrt waren."

Im Gegensatz zum schmalen Lichtstreifen des Holocaust-Turmes erhält die Kapelle in Meschede ein volles, den Raum durchflutendes Licht von oben. Die Kapelle von Meschede ist hell und still. Sie will an nichts erinnern, sondern hat in Kreuz und Tabernakel genug.

Das Haus der Stille bietet – wenn man so will – alles, was ein richtiges Kloster auch bietet. Nicht nur einen Raum des Heiligen, nicht nur eine Pforte und lange Gänge und Treppen, nicht nur einzelne Zellen, nicht nur eine Kapelle, sondern auch ein Refektorium und einen Kreuzgang. „Kreuzgang" nannte Architekt Peter Kulka einen Flur, den er im Seins-Haus in der Etage unter den Zellen einplante und der sich wie ein Gang rings um einen Block mehrerer Funktionsräume zieht. In einem dieser Räume hat Pater Cosmas Hoffmann ein Büro bezogen. Auch hier Betonwände, aber hier, gegenüber dem Schreibtisch, hängt ein Aquarellbild an der Wand, braune Farben, erdbraun. Das einzige Bild im gesamten Haus. Eine Inkonsequenz? Pater Cosmas Hoffmann ist Leiter dieses Hauses an der Obstbaumwiese, Jahrgang 1965, Studium der Theologie und Religionswissenschaften. Seit fünfzehn Jahren Benediktiner. Besondere Beschäftigung mit dem Buddhismus in Korea. Und nun Verantwortung für dieses Haus der Stille.

Seitdem das Haus am 19. August 2001 bezogen wurde, war es durchgängig zu 70 % belegt. So manches Hotel würde sich über einen

solchen Erfolg freuen. Erst ein einziger Gast hat die Beton-Welt als
zu gewöhnungsbedürftig vorzeitig verlassen, es war jemand, der an
Exerzitien in Barockgebäuden gewöhnt war. Unter den Gästen sind
viele Menschen in Krisensituationen, Menschen, die nach einer
neuen Orientierung suchen, die eine kritische Haltung gegenüber der
großen Kirche haben. Ein Viertel der Gäste kommen als Einzelne, von
denen einige während der Tage in Meschede eine geistliche Begleitung wünschen, andere nicht. Drei Viertel der Gäste nehmen an Kursen teil, die im Allgemeinen durch Mönche des Klosters geleitet werden. Es gibt aber auch Fremdkurse, zu denen sich einzelne Gruppen
anmelden. So kommen immer wieder Architekturstudenten oder
evangelische Pfarrer und erleben Raum und Geist dieses Hauses, den
genius loci. Auch der Leiter der Kunststation St. Peter in Köln, Pfarrer
Friedhelm Mennekes, ist mit Gliedern seiner Gemeinde regelmäßiger
Gast im Haus der Stille. 20 Einzelzimmer bietet das Haus, 50 Euro
kostet die Vollpension. Für Pater Cosmas Hoffmann ist es ein Haus
ohne Kitsch, ob nun religiös oder nichtreligiös, und deshalb ist es ein
Haus der Wahrheit. Es ist ein Haus, dessen Ansprüchen sich die hier
Lebenden nicht entziehen können. Das gilt für den Leiter, seine vier
ständigen Mitarbeiter und die Gäste.

Juliane hatte einen Einfall. Sie ging die Treppenstufen hinab vom Klos-
terberg in das Zentrum von Meschede und suchte dort nach einem
Schreibwarengeschäft. Sie kaufte sich einen großen DIN A 3-Zeichen-
block, einen Farbkasten, wie sie ihn damals als Schülerin gehabt hatte,
und Pinsel. Damals als Schülerin hatte sie gerne gemalt. In der Ruhe
dieser Tage hatte sie häufig an ihre Jugendzeit denken müssen. Und
nun saß sie wieder in ihrem Raum 02 vor dem großen Fenster, aber
der Zeichenblock lag auf ihren Knien. Rechteckig, im Format genau
wie das Fenster. Das grasende Schaf da unten malte sie nicht, das war
zu schwierig. Aber die Wiese und die Bäume und den Himmel. Die
Farben liefen ineinander. Einen Augenblick überlegte sie, ob sie dem
nachhelfen sollte und die Farben absichtlich ineinander laufen lassen
sollte. Dann hätte es vielleicht ein abstraktes Bild gegeben. Sie entschied sich anders. Man sollte die Obstbaumwiese mit all ihren schönen Kleinigkeiten erkennen können. Sie machte lange Pausen, legte

den Zeichenblock weg, ging spazieren, nahm eine Mahlzeit ein im Refektorium und malte weiter. Zwei Tage dauerte es, bis das Bild fertig war und – nicht an der Betonwand aufgehängt wurde.

Das Refektorium liegt zu ebener Erde, so dass man nach dem Essen hinaustreten und vielleicht sogar ein paar Schritte über den Rasen des Obstbaumgartens gehen kann. Denn „nach dem Essen soll man ruhn oder tausend Schritte tun", wie es wenig schön der Volksmund reimt. Vier Tische stehen im Refektorium bereit für jeweils fünf Personen. Eine vegetarische und eine nichtvegetarische Speisevariante werden angeboten. Viel Gemüse gibt es. Auch Obst. Molke mit Fruchtgeschmack als Getränk. Die Speisen werden drüben in der Küche des großen Klosters zubereitet und durch einen unterirdischen Gang hierher in das Haus an der Obstbaumwiese gebracht. Zwar gibt es keinen Vorleser wie in dem Refektorium des großen Klosters, aber geschwiegen wird häufig auch hier. Freiwillig geschwiegen, ohne dass jemand darum gebeten hätte. Geschwiegen? Vielleicht sagt man besser: nicht geredet. Es ist eine gute Übung, nicht zu reden beim Essen, sondern bewusst und konzentriert das zu essen, was auf den Tisch gekommen ist: die Kartoffeln, den Lauch, den Fisch, den Hühnerschenkel. Auf jedem Tisch stehen Kerzen in Leuchtern, die in der klostereigenen Schmiede gefertigt wurden. Sie brennen bei jeder Mahlzeit. Dies ist nicht Fast Food, sondern Candlelight Dinner. Hier kann ich mich konzentrieren auf das, was ich tue, den Lauch in Ruhe betrachten und das Hühnchen in Ruhe schneiden. So wie jemand, der spricht, sich konzentriert auf das, was er spricht. Es gilt, jedes zu seiner Zeit zu tun, und nicht alles auf einmal. Essen ist viel zu wichtig, als dass man es nebenher tun könnte. So wie Sprechen viel zu wichtig ist, als dass man es nebenher, neben anderen Tätigkeiten, tun könnte. Beim Essen stärkt sich der Einzelne – das ist sehr wichtig. Beim Sprechen stärkt sich die Gemeinschaft – das ist etwas völlig anderes, aber ebenso wichtig.

Auch Pater Reinald Rickert nimmt am Essen im Refektorium des Hauses der Stille teil. Wahrscheinlich isst niemand in der Runde mit einem solchen Genuss wie er, denn er ist verantwortlich für die Landwirtschaft des Klosters. Er ist nicht nur Priester, sondern besitzt seit 1985 auch einen Meisterbrief als Tierwirtschaftler mit dem Spezialgebiet der Rinderhaltung. So heißt das. Man könnte auch sagen: Er ist nicht nur Priester, sondern auch Bauer. Piemonteser Rinder züchtet er und Schafe und Schweine und Hühner. Viele der Fleischwaren, die im Refektorium auf den Tisch kommen, sind vorher lebend durch seine Hände gegangen, sind von ihm gehegt und gepflegt worden. Ein Vegetarier ist er genau deshalb nicht.

Aber wahrscheinlich ist sein Beruf im Kloster der Grund dafür, dass er für die Meditation mit der Gruppe von Jan-Peter und Gerhart und zehn anderen Teilnehmerinnen und Teilnehmern ein Bild von Rembrandt gewählt hat, das den kleinen Jesus-Knaben im Stroh im Stall zeigt. Maria und Josef sind auf der einen Seite der Strohkrippe zu sehen, zwei Hirten auf der anderen. Das Jesus-Kind in der Krippe strahlt hell, ein Widerschein dieses Strahlens liegt auf den Gesichtern der Eltern und der Hirten.

Die Gruppe hat sich im großen Saal getroffen, der in der untersten Etage des Wohn-Hauses liegt, an drei Seiten Beton-Wände, an der vierten Seite nach Süden hin eine große Glasfläche vom Boden bis zur Decke, von der einen bis zur anderen Seite. Die Teilnehmer sitzen im Halbkreis. Vorne steht eine flache Metallschale, wahrscheinlich auch aus der Schmiede, in ihr sind arrangiert ein Blumengesteck mit einer stolzen Strelizie und eine brennende Kerze.

Pater Reinald Rickert weiß, wovon er spricht, wenn er den Teilnehmern erzählt, wie arm und dreckig es in einem solchen Stall zugeht. Tatsächlich arm und dreckig. So arm und dreckig, dass eine Linie gezogen werden kann vom Stall in Bethlehem zum Kreuz auf Golgatha. Aber die Erfahrung dieser Armut und dieses Drecks macht stark und widerstandsfähig. So wie – anders herum – viele Menschen heute nicht mehr widerstandsfähig gegen Allergien und gegen Neurodermitis sind, weil sie, immer nur fein sauber, nie den Dreck von Schweineställen erlebt haben. Der Raum ist abgedunkelt. Der Projektor hat das Bild Rembrandts an die Wand geworfen. Die Kerze gibt schwaches Licht. Gerhart hat die Augen geschlossen. Er hört gerne zu, wenn Pater Reinald langsam wie für sich allein formuliert. Das

Bild von Rembrandt stört dabei eigentlich nur. Das Jesus-Kind dort im Stall ist ein Alltagsgott, sagt Pater Reinald. Ein solcher Alltagsgott trägt und erträgt. Vertrauen trägt und erträgt auch heute. Vertrauen zwischen den Menschen. Vertrauen strahlt, wie die Krippe auf dem von Rembrandt gemalten Bild. Dann macht Pater Reinald Rickert eine lange Pause. Dann sagt er, er wolle heute an der Messe drüben in der Kirche teilnehmen und verlässt den Raum. Langsam und nach und nach verlassen auch die anderen Teilnehmerinnen und Teilnehmer den Raum. Der Letzte macht die Kerze aus.

Auch Kathrin nimmt an der Messe teil. Sie ist eine der Einzelgäste drüben im Haus der Stille. Vielleicht ist sie eine allein erziehende Mutter. Sie sieht so liebevoll aus und so selbstbewusst und wirkt zugleich so enttäuscht über die Lieblosigkeit unserer Zeit. Zu der Messe, bei der die Mönche im eigenen Raum in der Nähe des Altars sitzen, sind etwa zwanzig bis dreißig Menschen gekommen, die sich im weiten Rund der Kirche verlieren. Kathrin hat sich links außen hingesetzt, so als wolle sie Distanz halten. Oft bleibt sie sitzen, wenn die anderen bei bestimmten Stellen der Liturgie aufstehen. Als die Gottesdienstteilnehmer aufgefordert werden, sich ein Zeichen des Friedens zu geben, und als jemand auf Kathrin zugeht, um ihr die Hand zu reichen, strahlt sie freudig, als sei dies ein großes Geschenk. Als anschließend die Menschen in der Kirche zur Eucharistie nach vorne zu den Priestern mit Brot und Wein gehen, bleibt sie auf ihrem Platz, hat sich ganz klein gemacht und scheint verloren vor sich hin zu träumen.

Auch war es Kathrin, die am nächsten Morgen bereits um 6.45 Uhr am Morgengebet der Laudes teilnahm. Anschließend machte sie einen weiten Spaziergang, ein wenig fröstelnd. Die meisten schliefen noch. Die meisten, die nach Meschede in das Haus an der Obstbaumwiese kommen, lesen oder schreiben. Anders Kathrin. Sie geht lange Spazierwege, sie liegt in der Sonne auf der Obstbaumwiese, sie sitzt in ihrem Wohnraum, aber sie nimmt kein Buch und keinen Bleistift in die Hand. Sie sucht etwas und weiß doch nicht was.

Das Haus der Stille wäre kraftlos, würde es nicht im Schatten dieses Klosters stehen, im Schatten des großen backsteinernen Kirchturms der Abtei Königsmünster. Neben der Architektur ist das der Unterschied zwischen vielen Häusern der Stille im Lande und diesem Haus der Stille. Die stillen Gäste können an den Stundengebeten der Mönche von der Vigil morgens um 5.30 Uhr bis zur Komplet abends um 20.30 Uhr teilnehmen. Sie können mit den Mönchen die Messe feiern. Sie können die Zeiten dazwischen und zwischen den Mahlzeiten füllen, wie sie es für richtig halten. In Einzel- oder Gruppengesprächen mit anderen Gästen oder mit den Mönchen des Klosters, im Schweigen alleine oder gemeinsam, in Körperübungen oder Singen, in Meditation oder kreativem Arbeiten.

Der Bogen der Anregungen ist weit gespannt. Heilfasten wird in der einen Woche angeboten, musikalische Meditationen, bei denen Didgeridoo, Schlitztrommel, große Klangschalen und archaische Instrumente benutzt werden, in der anderen Woche. Neue Bewegungselemente werden in der dritten, Gedichte in der vierten Woche eingeübt. Immer geht es darum, kreativ an Gottes Schöpfung teilzuhaben und so sich von neuem zu finden. Weil die Menschen verschiedene Begabungen haben, bietet das Haus der Stille so viele verschiedene Möglichkeiten an.

Viele, die Gäste im Haus der Stille auf dem Abteiberg in Meschede waren, kehren wieder. Erfolgsmessungen kann es nicht geben. Aber die Tatsache, dass Juliane und Jan-Peter und sogar auch Kathrin nicht das letzte Mal in Meschede gewesen sein wollen, spricht für sich. Für Gerhart war der Aufenthalt in dieser Aprilwoche im Jahre 2003 ohnehin bereits seine dritte Reise in dieses Kloster.

Stille ist keine Methode, sondern eine Seinsweise. So hat Pater Abraham Fischer das Konzept für dieses Haus der Benediktiner in Meschede charakterisiert. Das Konzept entspricht der Wirklichkeit. Mit diesem Haus ist es gelungen, nichts den Gästen aufzudrängen, aber alles den Gästen anzubieten. In der Stille – und das bedeutet: wohlbedacht – erfahren die Gäste, dass sie ihr Leben auf die eine oder die andere Weise ändern müssen, dass sie umdenken müssen.

Umdenken in Demut vor der Schöpfung, in Demut vor der Natur und den Menschen. Demut ist Stille.

Wie kommt man zu sich selbst?
Protokoll einer Auszeit

von Michael Winter

*W*ie kommt man zu sich selbst? Man kann sich nächtelang vor einen Spiegel stellen. Man kann um Patagonien rudern. Um zu sich zu kommen, um aufzuwachen aus unserer Alltags-Matrix-Welt, braucht es solche Anstrengungen nicht. Man muss nur in die Stille reisen. Dazu bedarf es einer außerordentlichen Ortsveränderung, aber keiner Weltreise. Stille gibt es auch in Europa, in Deutschland, in der eigenen Stadt oder in unmittelbarer Nähe.

Stille ist ein Kontinent – außer uns und in uns. Stille ist nicht nur Abwesenheit von Geräuschen. Die Stille in der Natur ist etwas anderes als die Stille in einem Raum. Die Stille der Einsamkeit ist etwas anderes als die Stille der Konzentration oder die Stille beim gemeinsamen Schweigen. Alle Arten von Stille haben ihren eigenen Charakter. Man kann sie hörend unterscheiden. Die Stille, die entsteht, wenn man in sich hineinhört, ist etwas anderes als die Stille, die man hört, wenn die Außenwelt still ist. Die äußere Stille ist die Voraussetzung für das innere still werden. Das ist ein Vorgang, bei dem man versucht, von allen Gedanken leer zu werden, die einem durch den Kopf ziehen. Es ist der Versuch, mit dem Denken aufzuhören.

Joachim-Ernst Berendt hat in einer seiner legendären Hör-Sendungen im Südwestfunk von 1988 die Stille als ein Hören durch alles hindurch beschrieben. In seinem Buch *Nada Brahma. Die Welt ist Klang* beschreibt er eine alte Zen-Übung.

„Hören Sie auf Ihren Atem ... Wenn Sie das eine Weile getan haben, hören Sie durch den Atem hindurch ... Sie hören den Raum, in dem Sie sitzen. (...) Hören Sie jetzt d u r c h den Raum (...) Gedanken kommen. (...) Sie hören hindurch. (...) Nach einer Weile (...) bemerken Sie: Nichts ist so laut wie die Stille. (...) Zum Hören von Stille

gehört Wachheit." (...) Die Wachheit, in der das Schweigen zur dröh-
nenden Orgel des Kosmos wird."

(Joachim-Ernst Berendt: Nada Brahma. Die Welt ist Klang.
Reinbek 1988, S. 191–196.)

Unsere Gegenwart ist voller Angebote, wie wir vom Alltag abschalten können. Der Tourismus basiert auf dem Massenphänomen der
Alltagsflucht. Die Sehnsucht, aus dem Alltagsleben zu fliehen, ist sogar größer als die Angst vor Terror. Es gibt aber Menschen, die sich
andere als geographisch exotische Ausweichsitze für ihr Seelenheil
aussuchen. Dieser Ruhesucher hat sich eine ganze Therapie-Industrie
angenommen. Ajurveda-Kliniken. Zen-Kurse für Manager, Entspan-
nungsmusiken für Führungskräfte, Meditationswochenenden für An-
gestellte mit Burn-out-Syndrom. Sinnsuche für Teams bei Extrem-
sportarten und Survivaltraining. Jeder versucht auf seine Weise, den
Riss zwischen Himmel und Erde zu schließen.

Man muss nicht unbedingt teure Trainingsseminare für Manager
buchen oder ein halbes Jahr in einem buddhistischen Kloster verbringen, um zur Ruhe und zu sich selbst zu kommen. Wir sind in Mittel-
europa umgeben von sakralen Räumen, die auf das Gemüt so besänf-
tigend wirken, wie kein Urlaub auf den Malediven das kann. Es gibt
immer mehr Menschen, die das Angebot der deutschen Klöster nutzen, als Gäste einige Tage oder sogar Wochen im Kloster zu verbringen und ihren Tagesablauf mit den Mönchen zu teilen. Die Benediktinerklöster, die von jeher die Gastfreundschaft groß geschrieben
haben, sind fast ausgebucht. Es genügt ein Anruf, ein Fax oder eine
Anfrage per E-Mail. Man macht mit einem der Patres, die für die Gäste zuständig sind, einen Termin aus, und schon ist man Mönch auf
Zeit. Natürlich sind auch Frauen in den Gästetrakten der Klöster willkommen. Sie dürfen nur nicht den abgeschlossenen Klausurbereich
betreten.

Eines der bedeutendsten meditativen Zentren in Deutschland ist
die Benediktiner-Abtei von Maria Laach in der Vordereifel. Der loth-
ringische Pfalzgraf Heinrich II. hat das Kloster vor neunhundert Jahren am Ufer des Laacher Sees gegründet. Sechzig Mönche leben hier
nach der Regel des hl. Benedikt, umgeben von Bergen und Wäldern.

Ihr Leben verläuft abgeschlossen von der Welt und doch mitten in ihr. Ihr Tageslauf konzentriert sich auf das Singen der Liturgie und zugleich auf einen modernen Wirtschaftbetrieb, der sich fast aus sich selbst erhalten kann. Ich habe beschlossen, hier eine Zeit zum Nachdenken zu verbringen.

Die Welt des Klosters ist fremder als die entfernteste Wildnis. Für eine Reise ans andere Ende der Welt wäre der Koffer schnell gepackt. Was nimmt man aber in ein Kloster mit? Was erwartet einen jenseits der Klostermauer? Nach dem Frühstück Koffer packen. Bei keiner meiner Abreisen war die Ungewissheit über das Ziel so groß. Vorstellungen von kargen kalten Zellen und einem rituellen Tagesablauf, dessen Reglement man nicht gewachsen ist, verstärken das Unbehagen. Die ferne Welt ist nur dreißig Kilometer von meinem Wohnort entfernt. Und dennoch gleicht die Reise einer Expedition. Sie ist ein Experiment, dessen Ausgang völlig ungewiss ist.

Tagebuch. Erster Tag. Freitag, 31. Januar 2003, 8.00 Uhr. Hinter dem rheinischen Städtchen Andernach geht es von der Bundesstraße 9 nach Südwesten auf eine Nebenstraße in Richtung Kruft und Mendig. Die Straße ist stark befahren von Lastwagen, die die Eifeler Bimssteinbrüche anfahren. Die Savannenlandschaft der Eifel öffnet sich zu einem ungeheuren Bühnenbild. Plötzlich bricht die Sonne durch und hellt den buckligen Flickenteppich aus Brauntönen auf. Die Gegend glüht kalt unter einem himmlischen Neonlicht. Schwarze Ackerflächen, unterbrochen von dunkelgrünen Bauminseln, bilden eine Schanze gegen den Horizont. Der Weg nach Maria Laach geht durch Nickenich, ein Straßendorf. In der Dorfmitte beginnt schon die Steigung. Die Straße meidet die steileren Hänge des Krufter Ofens, eine vulkanische Erhebung von 462 Metern. Sie führt in leichten Kurven durch den Wald. Die Bäume rücken dicht an die Fahrbahn. Durch die unbelaubten Äste sticht ab und zu die Sonne. Neben den Einfahrten zu Seitenwegen sind Stämme und Äste zusammengelegt, die die Stürme der vergangenen Tage auf die Fahrbahn geschlagen haben. Unmerklich ist man über den Pass. Da liegt der See wie eine Stahlplatte. Der Wunsch, mitten auf der Straße anzuhalten, ist unwiderstehlich. Verlassenheit wie nie – und das wenige Kilometer abseits der

Hauptverkehrswege durch Europa. Stille. Der See saugt sich in die Augen. Und dann in einiger Entfernung zum Ufer eine Stadt aus Türmen: Vierecke, Achtecke, Rundtürme, die umeinander toben, je nach Blickwinkel. Die Basilika. Utopia. Die himmlische Stadt.

Das Gewirr von Nebengebäuden um die Abteikirche ist nicht im ersten Anlauf zu durchschauen. Es gibt mehrere Einfahrten. Die erste nach rechts ist für die Besucher des angegliederten Hotels. Die nächste nach links führt zum Touristenparkplatz. Erst die letzte führt zum Gästetrakt. Man fährt durch ein Tor, an landwirtschaftlichen Gebäuden und Werkstätten vorbei und dann links durch ein weiteres Tor. Dann wieder rechts und dann nochmal links und wieder rechts. Im Leben ist es wie in der Literatur: Keiner, der je in Utopia war, kann den Weg dahin genau beschreiben.

Nur die Abteikirche ist für die Öffentlichkeit zugänglich. Wer das Kloster betreten will, muss sich an der Pforte anmelden. Ein strenger Blick aus der Pförtnerloge. Man steht etwas verloren in der Eingangshalle, in der ein Springbrunnen plätschert. Mönche eilen vorbei. Soll man grüßen? Wie soll man grüßen? Grüß Gott? Guten Tag?

Einer der Mönche führt mich zu den Räumen für die Gäste und bittet mich, hier auf den zuständigen Pater zu warten. Im Speiseraum haben sich junge Orgelbauer und Organistinnen aus Litauen zum Frühstück versammelt, die leise miteinander reden. Am anderen Ende der Tafel sitzt schweigend eine Meditationsgruppe, die ausschließlich aus älteren Menschen besteht. Neben dem Speisesaal liegt ein Aufenthaltsraum. An einem Tisch sitzen zwei Schachspieler. Durch eine Tür gelangt man in einen Klosterhof. An den Hof schließt sich eine kleine Parkanlage an, die von Gebäuden mit Werkstätten umschlossen wird. Maria Laach ist eine begehrte Ausbildungsstätte für Lehrlinge in allen wichtigen Handwerken. Die hier Ausgebildeten haben gute Chancen auf dem regionalen Arbeitsmarkt. Es gibt Landwirte, Gärtner, Tischler, Schlosser, Klempner, Maler, Glaser, Elektriker, Schneider, Buchbinder und Kunsthandwerker. Die Handwerker arbeiten vor allem für den Bedarf des Klosters. Maria Laach verfügt über ein eigenes Wasserwerk und über ein Gaskraftwerk. Man ist von der Außenwelt weitgehend unabhängig.

Der für die Öffentlichkeit nicht zugängliche Kreuzgang, das Refektorium und der Versammlungssaal des Konvents stammen aus dem letzten Drittel des 19. Jahrhunderts. Dieser Teil der Anlage ist nach einem Brand im Jahr 1855 im neogotischen Stil wieder aufgebaut worden.

Es dauert eine Weile, bis der Pater erscheint, der für die Gäste zuständig ist. Die Unterkunft im Gästeflügel ist komfortabler als gedacht. Schrank, Schreibtisch, Bett. Eine Sitzgruppe, eine eingebaute Nasszelle. Man legt an diesem Ort keinen Wert darauf, dass die Liebe sich an Dinge hängt, die dem Luxus, dem täglichen Gebrauch oder nur der Notwendigkeit dienen. Der Gastpater entschuldigt sich. Er muss sich um weitere Neuankömmlinge kümmern.

Tagebuch. Erster Tag. Freitag, 31. Januar 2003, 10.00 Uhr. Stille. Plötzlich allein. Aller Erwartungsstress fällt ab. Man ist jetzt da. Es überfällt mich zum ersten Mal die Stille dieses Ortes. Das ist nicht nur die Abwesenheit von Geräuschen. Es ist etwas anderes. Für Menschen, die im Lärm leben und sich im Lärmen auf ihre Arbeit konzentrieren müssen, ist das Ausgeliefert-Sein an die Stille wie der erste Kontakt mit einer schweren Droge. Man macht sinnlose Bewegungen. Rennt zwischen Bett und Schrank hin und her, mit dem Vorwand, seine Sachen zu ordnen. Der erste Versuch, nach innen zu hören, scheitert.

Wenn du auslöschst Sinn und Ton, was hörst du dann?

Auf dem Tisch liegt eine Broschüre über die Geschichte der Abtei. Ich fange sofort an, darin zu lesen. Eine gute Ablenkung. Maria Laach ist eine sehr alte Abtei und zugleich eine sehr junge. Nach der Eroberung der linksrheinischen Gebiete durch die französische Revolutionsarmee wurden alle geistlichen Güter säkularisiert. Im Jahr 1802 löste die französische Verwaltung das Kloster am Laacher See auf. Die Bestände der Bibliothek und das gesamte Inventar wurden in alle Winde zerstreut. Die Ländereien gingen in französischen Staatsbesitz über. 1815 wurde die Anlage vom preußischen Staat übernommen. 1826 verkaufte Preußen Wirtschaftsgebäude und Ländereien an den

Trierer Regierungspräsidenten Delius. Die Kirche blieb Staatseigentum und wurde als Kulturdenkmal erhalten. 1862 wurden die Klostergebäude an den Jesuitenorden verkauft, der darin ein Collegium Maximum zur Ausbildung des Ordensnachwuchses einrichtete. In dieser Zeit wurde der heutige Gästeflügel mit der Eingangspforte erbaut. Die Jesuiten gründeten eine neue Bibliothek. Ebenso gehen die Anfänge des Laacher Seehotels auf diese Zeit zurück.

Zum Auftakt des Bismarckschen Kulturkampfes gegen die Katholiken wurden die Jesuiten 1872 des Landes verwiesen. Erst zwanzig Jahre später besiedelten wieder Benediktiner aus der Erzabtei Beuron im Fürstentum Hohenzollern das Kloster am Laacher See. Maria Laach gehört seitdem zur Beuronischen Kongregation. Das ist ein Zusammenschluss mehrerer Benediktinerklöster, an deren Spitze ein Abtpräses steht. An der Spitze aller benediktinischen Kongregationen rings um die Welt steht der Abtprimas in Rom. Die Kongregation gilt rechtlich als kollegiale juristische Person.

Auf dem Schreibtisch liegen auch ein Exemplar der Bibel und das Monastische Stundenbuch für die Benediktiner, das alle 150 Psalmen in einer Ausgabe der Salzburger Äbtekonferenz enthält. Daneben eine Kurzbiographie des hl. Benedikt von Nursia und ein Band mit Auszügen aus seiner Klosterregel, mit der er in der ersten Hälfte des 6. Jahrhunderts das europäisch-christliche Mönchtum begründet hat. Ich nehme das Regelbuch in die Hand. Fremdes Terrain. Ich öffne es mit dem Gefühl, die Tür zu einer verborgenen Grabkammer aufzustoßen voller Wandschriften mit heiligen Befehlen.

„HÖRE, auf dem Weg zu Gott, die Lehren des Meisters.
Höre mit dem Ohr deines Herzens.
(...)
Dann wirst du durch Gehorsam, der nicht leicht ist,
dorthin zurückkehren,
von wo du durch Ungehorsam und Trägheit des
Herzens
abgekommen bist.
(...)

Wenden wir unsere Augen dem Licht Gottes zu
und das aufmerksam gewordene Ohr
der unentwegt mahnenden Stimme Gottes."

*(P. Benedikt Probst OSB: Benediktiner-Regel. Auszug und freie
Übertragung ins Deutsche. St. Ottilien 1976, S. 14–15.)*

Ich schließe die Augen und lausche. Die Stille des Zimmers wirkt auf
mich wie der Wasserdruck, wenn man zwanzig Meter an einem
Korallenriff hinuntertaucht. Neugier und Angst, in diese stille Welt
einzutauchen, halten sich die Waage. Wenn den Sehsinn nichts mehr
reizt, was dann? Ich fange an, Details der Welt um mich wahrzuneh-
men. Krümel, Staubflocken. Der Blick geht aus dem Fenster. Eine
Wolkenwand zieht auf den See zu. Die Glocken rufen zum Gebet in
die Abteikirche. Was ist Stille? Leer werden von der Welt. Wie wird
man leer? Durch Hören auf die Stille? Was ist Meditation? Ist Meditation Hören? Was ist Hören? Hören auf Gott?

Die Stille in der Kirche trifft wie ein Faustschlag oberhalb der Nasen-
wurzel. Der Schlag löst eine Lähmung aus. Aber der Kopf bleibt hell-
wach. Die dreischiffige Halle ist schwach beleuchtet. Die Mönche im
schwarzen Habit, geschneidert im Kloster nach der Hauskleidung der
Römer, stehen aus den Chorstühlen auf. Sie verneigen sich gegen das
sandsteinerne Ziborium. Die fast schwebende kunstvoll durchbroche-
ne Baldachinkonstruktion aus dem 13. Jahrhundert ruht auf sechs
leicht nach innen geneigten Säulen. Eine halsbrecherische Statik. Eine
Krone durch Lichtspots in Gold getaucht. Die gebaute Vorahnung auf
das himmlische Jerusalem ist das optische Zentrum der Kirche. Die
Mönche singen.

„Stadt des Himmels, Schau des Friedens
Seliges Jerusalem.
(...)
Perlen schimmern an den Pforten,
Offen stehen Tür und Tor,
Und nach dem Verdienst des Lebens
Wird durch sie hereingeführt

Jeder, der in Christi Namen
Auf der Welt Bedrängnis litt.
(...)
Jene ganze, Gott geweihte
Und erwählte Himmelsstadt
Ist erfüllt von Jubelliedern
Und von hellem Freudenklang."

(Text des Hymnus Urbs Jerusalem beata, in: Booklet zur CD: Gregorianische Vesper. Schola und Chor der Benediktinerabtei Maria Laach. © Motette 1993, Nr. 50631, LC 5095, Düsseldorf 1993, S. 6–7.)

Die Mönche verlassen den Chor, indem sich je einer aus den linken und aus den rechten Bankreihen vor dem Hochaltar und dann vor seinem Gegenüber verneigt. Der Auszug der Geistlichen wirkt wie ein sakrales Ballett. Die Spots gehen aus. Die goldene Stadt versinkt in einen Sandsteinschlaf. Wenn man die Augen schließt, kann man die Schritte der Mönche von denen der anderen Besucher unterscheiden. Am Rauschen der Gewänder, am Knarren der Schuhe, am eilenden Schritt. Wie weit ist die Welt schon entfernt? Was würde geschehen, wenn man sich eine Ewigkeit diesem Raum und seinem Wechsel von Stille und Gebet ausliefern würde?

Wenn du auslöschst Sinn und Ton, was hörst du dann?

Tagebuch. Erster Tag, Freitag 31. Januar 2003, 11.50 Uhr. Die Gäste, die mit den Mönchen im Refektorium speisen, müssen sich pünktlich fünf Minuten vor Beginn der Mahlzeit an einem bestimmten Ort einfinden. Dort werden sie von einem der Gastpatres abgeholt. Es öffnet sich die Pforte zum Klausurbereich. Ein paar Stufen abwärts führen in den offenen Kreuzgang, durch den die Kälte zieht. Vor dem Eingang zum Refektorium wird der Neuankömmling vom Abt begrüßt. Ein fester Händedruck. Der Abt ist der Stellvertreter Christi für den Bereich des Klosters. Über ihm steht keine weltliche Macht. Ein Klosterchef wird von keiner kirchlichen Institution ernannt, sondern von den Mönchen aus ihrer Mitte auf Lebenszeit gewählt. Er ist nur Gott und den Ordensoberen verantwortlich. Bei schweren Vergehen ist er abwählbar. Freilich ist er im bürgerlich juristischen Sinn der Vorsitzende einer Körperschaft öffentlichen Rechts, die den Status der Gemeinnützigkeit hat. Er ist verantwortlich für die korrekte Wirtschaftsführung und steuerliche Veranlagung des Klosterbetriebs. Die Klosterverwaltung von Maria Laach wirtschaftet gewinnbringend und legt die Überschüsse wie jedes moderne Management unter anderem in Aktien an.

Für die Mahlzeiten gilt absolutes Schweigegebot. Die Gäste haben Vortritt. Sie nehmen zuerst ihre Plätze an der Tafel ein. Der Speisesaal ist ein lang gestreckter neogotischer Raum mit einem Kreuzgewölbe und hohen Fenstern. An den Wänden stehen die Tische für die Mönche. In der Mitte sind die Gästetische. An der Stirnwand unter einem Wandbild mit dem Abendmahl sitzt der Abt. Auf sein Klopfzeichen servieren Mönche in weißen Schürzen das Mittagessen. Zu Beginn der Mahlzeit steigt der Tischleser auf eine Kanzel und liest Bibeltexte, Abschnitte aus der Regel Benedikts und literarische Texte.

Die Texte dringen nicht in mein Bewusstsein. Das Fremdartige der Situation fordert meine ganze Aufmerksamkeit. Der Nachmittag verstreicht mit Nichtstun. Ich schaue mir die Gärtnerei an, die Gewächshäuser, mache einen Spaziergang zum Laacher Seeufer. Plötzlich, während ich den Enten zuschaue, überfällt mich ein Gefühl der Geborgenheit. Dennoch bleibt die Unruhe, die Angst vor der Herausforderung der Stille. Und ich bin froh, mich um halb sechs zum Vespergottesdienst in der Kirche einfinden zu können.

Tagebuch. Erster Tag. Freitag 31. Januar 2003, 18.30 Uhr. Auch die Abendmahlzeit ist Gottesdienst, und man wagt kaum zu kauen. Essen ohne Unterhaltung. Ich empfinde es nach anfänglichen Beklemmungen als entlastend, sich beim Essen nicht unterhalten zu müssen. Freundliche Gesten unter den Tischnachbarn beim Weiterreichen von Salatschüsseln und Wurstplatten schaffen eine entspannte Atmosphäre. Kein Zwang zum Small Talk. Dabei habe ich den Gedanken, wie wenig Wichtiges wir den ganzen Tag über reden und hören. Punkt 19.00 Uhr wird auf das Klopfzeichen des Abtes die Tafel mit einem Gebet aufgehoben.

Die Komplet, ein kurzer Abendgottesdienst von 19.45 Uhr bis 20.00 Uhr beschließt den Tagesablauf. Es ist den Mönchen danach nicht mehr erlaubt zu reden. Kein Fernsehen, kein Radio, kein Telefon. In der Regel Benedikts heißt es über das klösterliche Stillschweigen:

> „Wenn sie aus der Komplet kommen, gebe es für keinen mehr die Erlaubnis, irgendetwas zu reden. Findet sich einer, der diese Regel des Schweigens übertritt, werde er schwer bestraft, ausgenommen, das Reden sei wegen der Gäste nötig. Aber auch dann geschehe es mit großem Ernst und vornehmer Zurückhaltung."

> *(Die Regel des hl. Benedikt. Hg. im Auftrag der Salzburger Äbte-konferenz. Beuron 1990, S. 96.)*

Tagebuch. Erster Tag, Freitag, 31. Januar 2003, 21.00 Uhr. Kein Fernsehen, kein Radio, kein Telefon. Was stellt man ohne Gespräche im Familien- oder Freundeskreis an, ohne Kino, ohne Disko, ohne Theater oder einen Besuch in der Stammkneipe? Die zivilisierte Welt schrumpft zur Karthause. So haben an diesem Ort Mönche seit neunhundert Jahren die Nächte verbracht. Bibellektüre, Schweigen und rings herum die Wildnis. Die Welt ist reduziert auf das Hören nach innen. Wüste und Welt. Aus dieser Spannung heraus lebt das europäische Mönchtum und eigentlich jede mönchische Existenz. Ist das Kloster ein Ort der Weltflucht? Ein Ort der Geborgenheit? Ein freiwilliges Gefängnis? Wie lange würde der moderne Mensch, abgesehen von der spontan als Erleichterung empfundenen Abwesenheit gewohnter Geräuschkulissen diese uralte Lebensform der Konzentration und der lebenslangen Klostergemeinschaft aushalten? Jede Woche alle 150 Psalmen singen, wie Benedikt es vorschreibt. Warum? Um die eigenen Gedanken abzustellen? Ist Meditation ein Überschnappen des Geistes? Führt das ständige Murmeln derselben Sätze zu Halluzinationen? Plötzlich wird mir klar, seit welch kurzer Zeit es an diesem Ort elektrisches Licht gibt. Jahrhunderte lang lagen oder saßen die Mönche im Dunkeln oder lasen bei Kerzenschein. Und dann der Gedanke, dass natürlich alle Menschen Jahrtausende lang im Dunkeln gelebt haben. Und wenn heute für eine halbe Stunde der Strom ausfällt, werden wir nervös.

Ich blicke auf den Lichtkreis, den die Schreibtischlampe wirft. Sie ist schwarz, klassisches Design der zwanziger Jahre. Sie reduziert die Welt auf das Denken. Es ist falsch, Bücher zu lesen, aber ich tue es trotzdem. Ich bin dieser Art von Stille nicht gewachsen. In einem Buch über das abendländische Mönchtum schreibt der Kirchengeschichtler Peter Hawel:

> „Das Mönchtum ist etwa 300 Jahre nach dem Tode Christi entstanden. In Ägypten, Nordafrika, Palästina, Syrien und Kleinasien kam es zu ersten Versuchen, die später zum Mönchtum im herkömmlichen Sinne führten. Einzelne Christen verließen ohne äußeren Grund ihre Familien, schenkten ihren Besitz den Armen und legten sich freiwillig verschiedene Beschränkungen auf. Einige verzichteten ganz auf die Ehe, aßen höchstens einmal am Tage, schwiegen fast immer und erwarben durch armselige Handarbeit ihren bescheidenen Lebensunterhalt. Andere gingen einen Schritt weiter und verließen sogar die menschliche Gemeinschaft. In der nahen Wüste errichteten sie eine bescheidene Klause (…) Die Eremiten (…) waren gänzlich frei, und jeder versuchte (…) ein asketisches Leben zu führen. Einige kasteiten sich durch zusätzliche Bußübungen wie das Tragen von Eisenketten, das Stehen in Hitze und Kälte oder ewiges Schweigen (…) Jede Ablenkung, jedes freie Herumschweifen des Auges waren ihnen zuwider und gedankenloses Träumen oder geistreiches Philosophieren verpönt. Die eigenen Gedanken zu beruhigen, abzustellen und zu überwachen, darin übten sich alle Eremiten und Asketen. Deshalb führten die Einsiedler stets ein Psalmwort auf den Lippen, und monatelang konnten sie über einen Satz der Bibel meditieren."

(Peter Hawel: Zwischen Wüste und Welt. Das Mönchtum im Abendland. München 1997, S. 19.)

Auch Lesen ist Ablenkung. Vom Lesen in den Schlaf zu fallen, wäre eine Möglichkeit. An diesem Ort gelingt das nicht. Irgendwann stehst du vor einer Wand, gegenüber einer Hürde, die du von Anfang an gefürchtet hast. Stille ohne Ablenkung, ohne Schlaf. Das Hineinhorchen ins Zimmer und in dich selbst verursacht ein Rauschen im Ohr. Und du überlegst für einen Moment, ob du einen Hörsturz hast und einen Arzt rufen musst.

Wenn du auslöschst Sinn und Ton, was hörst du dann ...
Und wenn du durch die Stille hindurch hörst – hörst du dann Gott?

Tagebuch. Zweiter Tag. Samstag, 1. Februar 2003. Der Wecker klingelt um fünf. Erinnerung an einen Traum: Ein Chirurg fährt mit dem Skalpell unter dem Brustbein hin und her. Keine Schmerzen. Nur ein unangenehmes Geräusch. Kaltes Wasser zum wach werden. Katzenwäsche. 5.30–6.00 Uhr Morgenhore.

Gottesdienstordnung von Montag bis Freitag: 5.30–6.00 Uhr Morgenhore, 7.30–8.00 Uhr Konventamt, 11.45–12.00 Uhr Tageshore, 17.30–18.00 Uhr Vesper, 19.45–20.00 Uhr Komplet. An Sonn- und Feiertagen geht die Morgenhore eine halbe Stunde länger. Das Konventamt von 9.00–10.00 Uhr, die Tageshore von 14.30–14.45 Uhr.

Tagesordnung: 8.15–8.45 Uhr Frühstück im Gästespeiseraum. 12.00–12.30 Uhr Mittagessen im Refektorium, 13.00–14.00 Uhr Mittagsruhe, 14.30 Uhr Kaffee im Gästespeiseraum, 18.30–19.00 Uhr Abendessen im Refektorium, ab 20.00 Uhr Nachtruhe.

Vor der Tageshore und vor der Vesper ist jeweils ein Gespräch mit dem Gastpater geplant. Draußen fegt ein kalter Wind. Der Kirchenraum ist spärlich beleuchtet. Die Chorstühle liegen noch im Dunkeln. Aus tiefem Schlaf unverzüglich zum Gebet. Ein ganzes Leben lang. In der Regel Benedikts heißt es im Abschnitt 22: „Die Brüder schlafen angekleidet (...) So seien die Mönche stets bereit: Auf das Zeichen hin sollen sie ohne Zögern aufstehen und sich beeilen, einander zum Gottesdienst zuvorzukommen."

Askese heißt Übung. Übung, um die Welt zu vergessen, um sich auf die Gotteserfahrung vorzubereiten. Aber was ist Gotteserfahrung? Erscheint einem der Herrgott aus einem brennenden Busch? Kann der Zustand zwischen Schlafen und Wachen die Sinne so verwirren, dass man irgendwelche Erscheinungen hat?

Tagebuch. Zweiter Tag. Samstag, 1. Februar 2003, 10.00 Uhr. Der Gastpater bittet mich in eines der Gesprächszimmer, die im Gang hinter der Pförtnerloge liegen. In diesen Räumen kann jeder den Patres seine Anliegen vorbringen. Hier finden zum Teil sehr private und ins Therapeutische gehende Gespräche mit Hilfe Suchenden statt. An den Wänden hängen Porträts und auf einem Schrank steht eine Bronzebüste. Geschenke von befreundeten Künstlern. Alle Kunstwerke zeigen den Kopf des Paters. Der Geistliche rührt in einer großen Tasse, die randvoll mit Kaffee gefüllt ist. Auf die Frage nach dem Ergebnis von Meditation wird er energisch. Nein, wer etwas erwartet, wer etwa auf übersinnliche Erfahrungen hofft, ist hier vollkommen fehl am Platz. Der Pater bleibt zurückhaltend in seinem Urteil, aber man merkt ihm an, dass er von transzendentaler Meditation nichts hält. Leute, die vorgeben, Erscheinungen zu haben, sind für ihn ein großes Problem. Es geht bei der Meditation nicht um Bewusstseinserweiterung, nicht um die Erfahrung einer anderen, übersinnlichen Welt. Menschen, die psychisch labil sind, würde er raten, sich in ärztliche oder psychotherapeutische Behandlung zu begeben. Menschen, die nicht fest mit beiden Beinen auf der Erde stehen, sind seiner Meinung nach für den Aufenthalt im Kloster ungeeignet. Gotteserfahrung ist für den Pater gleichbedeutend mit Liebe zu den Menschen. Gotteserfahrung ist nichts Übersinnliches. Gott erscheint für ihn im Gegenüber. Das Handy des Paters unterbricht das Gespräch. Er geht nach nebenan und klärt einen Termin für einen Gast ab. Dann sitzt er wieder über seiner Tasse. Ein Kühlschrank beginnt zu summen. Das Leben mit den Brüdern in der Klostergemeinschaft sei exemplarisch für ein Leben in Gottesnähe, sagt der Pater. Das könne auch ein Leben in der Familiengemeinschaft oder in einer Arbeitsgemeinschaft sein. Das Gegenteil davon wäre ein Leben in Isolation von allen Menschen, wäre ein ich-bezogenes Leben. Die zeitgemäße Single-Existenz ist für den Pater ein von Gott abgewandtes Leben. Und dann sind wir plötzlich mitten in einem Gespräch über Firmenkultur, Konkurrenzdenken und die Zerstörung intakter sozialer Strukturen.

Selbstwertgefühl aus Konkurrenzsituationen gewonnen wirke immer desozialisierend, behauptet der Pater und erklärt: Wenn jemand in einer Firma seine Karriere auf der Niederlage anderer aufbaut und dieses Handeln sich als beispielhaft durchsetzt, dann wird auf Dauer die Arbeitsgemeinschaft und das Arbeitsklima in einem Betrieb zerstört und dann zerstört sich auch die Firma selbst. Wirtschaftssysteme müssen im Dienst des Menschen stehen, egal wie sie strukturiert sind. Der Mensch ist Mittelpunkt, nicht der Profit. Für den Pater stecken in der Regel Benedikts Führungsweisheiten, die sich das moderne Management zunutze machen sollte. Höchste Priorität für jedes Management müsse die Humanisierung der Arbeitsbedingungen haben. Firmenkultur sei vor allem eines: der humane Umgang aller mit allen. Effizienz sei nur durch Humanität erreichbar. Nur wer diese Regel befolge, werde langfristig erfolgreich sein.

Der Begriff Humanität ist für den Pater keine leere Formel. Für ihn ist sie der Inbegriff des Christ-Seins. Zu den Grundvoraussetzungen jeder Gesellschaft gehören das Miteinander und Füreinander aller. Jede Kapitalismuskritik auf christlicher Grundlage habe dort anzusetzen, wo das Für- und Miteinander, wo die Zivilisation zugunsten des reinen und kurzfristigen Profitstrebens einzelner Gruppen zerstört werde. Die Glocken läuten. Der Pater unterbricht das Gespräch und eilt zum Mittagsgebet.

Zum Mittagessen gibt es Hähnchenschenkel. Am Nachmittag setzen wir das Gespräch fort, und ich bestürme den Pater mit Fragen: Ist das Kloster also kein Ort der Weltflucht, sondern ein Ort der Weltbetrachtung? Ein Ort des Überblicks und des Klarblicks? Ist Meditation der Weg zum Klarblick? Einer der schärfsten Kritiker der Kirche, der französische Aufklärungsphilosoph Denis Diderot, hat den klar blickenden Menschen höher geschätzt als den aufgeklärten. Der Aufgeklärte sei der Faktenmensch, der Wissende. Der Klarblickende aber sei derjenige, der über die Fakten hinausdenkt, der sich vorstellt, wozu bestimmte Faktenlagen führen können. Der Klarsichtige ist der Moralist. Diderot hat den aufgeklärten Menschen als den wissenden und den klar blickenden Menschen als den scharfsinnigen definiert. Ist das Kloster der Ort einer höheren Stufe von Aufklärung? Das wäre die Umkehrung dessen, was Diderot von den Klöstern gehalten hat. Auf seine Argumente gegen das Klosterleben haben sich die Politiker berufen, die die Klöster zu Beginn des 19. Jahrhunderts aufgelöst haben.

Der Pater bleibt stumm und fordert mich auf, weiter zu sprechen. Ich schlage ein Buch auf, das ich mitgebracht habe. In seinem Briefroman von 1796 *La Religieuse*, die Nonne, startet Diderot den schärfsten Angriff auf das Klosterleben, der je von einem Philosophen unternommen wurde. Diderot, sage ich, ist davon überzeugt, dass die klösterlichen Gelübde – Gehorsam, Armut und Keuschheit – die Psyche des Menschen vollkommen entarten lassen und dass das Klosterleben menschliche Krüppel hervorbringt. Die zentrale Frage in seinem Roman lautet: Können solche Gelübde, die dem Wesen der Natur zuwiderlaufen, jemals eingehalten werden, es sei denn von einigen missgebildeten Geschöpfen, in denen die Keime der Leidenschaften verwelkt sind?

Der Pater kennt sich mit Diderots Kritik am Klosterleben genauso gut aus wie mit Platon, Augustinus, Hegel und Marx. Er tupft munter in die Palette der europäischen Philosophie. Ich brauche das nicht nachzuschlagen, sagt er. Ich erzähle Ihnen einfach, was der hl. Benedikt über die Pflichten der Mönche schreibt, und dann können Sie ja selbst urteilen.

„Niemand umbringen.
Nicht stehlen.
Nicht gierig sein.
Kein falsches Zeugnis ablegen.
Jedem Menschen seine Ehre geben.
Den Leib beherrschen.
Die Sinne zügeln.
Gern fasten.
Armen helfen.
Kranke aufsuchen.
Tote bestatten.
In Not beistehen.
Von rein weltlichen Geschäften sich abwenden.
Auf Groll keine Zeit verschwenden.
Nicht falschen Frieden schließen.
Dem Bösen nicht Böses entgegensetzen.
Auch den Feind wertschätzen.
Kein Stolz.
Keine Trunksucht.

Keine Fress-Sucht.

Keine Schlafsucht.

Keine Faulheit.

Keine Verleumdung.

Den Tod täglich vor Augen haben.

Sich selber allzeit im Auge behalten.

Mit Worten nicht Unfug treiben."

(P. Benedikt Probst OSB: Benediktinerregel. Auszug und freie Übersetzung ins Deutsche. St. Ottilien 1976, S. 29–31)

Mit Worten nicht Unfug treiben? Ist das nicht ein Satz, der ins Herz unserer Mediengesellschaft trifft?, frage ich. Der Pater will darüber nicht spekulieren, und ich frage ihn nach den Schattenseiten des Mönchsdaseins. Der Gastpater legt die gefalteten Hände vor sich auf die Tischplatte und schaut auf die Bronzeplastik. Sicher sind, trotz aller Prüfungen, Menschen unter den Mönchen, die resigniert haben. Die nach Lebenstragödien eine Art von Selbstmord ihrer bürgerlichen Existenz begangen haben. Der Pater gibt zu, dass das Zusammenleben mit den Mitbrüdern nicht immer reibungslos verläuft. Auch Mönche sind Menschen. Eine Gemeinschaft sei nur dann eine Gemeinschaft, sagt er, wenn sie innere Spannungen aushält. Es sei abwegig, sagt der Pater, von einer Mönchsgemeinschaft ein himmlisches Zusammenleben zu erwarten. Das sei eine Utopie. Ich hake nach: Wie weit reicht das bürgerliche Recht hinter die Klostermauern? Werden Verstöße gegen das Gesetz, die innerhalb des Klosters stattfinden, durch weltliche Gerichte bestraft? Werden Verbrecher unter den Mönchen der weltlichen Gerichtsbarkeit ausgeliefert? Der Pater geht zum Fenster und schaut hinaus. Er schweigt eine Weile. Dann setzt er sich wieder. Nehmen wir an, sagt er, ein Bruder vergeht sich an einem Lehrling. Dann wird man den Bruder, wenn das Opfer ihn nicht anzeigt, nicht den Gerichten ausliefern, sondern das Verbrechen intern bestrafen. Ist das Kloster im Sinne der bürgerlichen Gesetzgebung also ein rechtsfreier Raum?, frage ich. Natürlich unterstehen wir den Gesetzen, sagt der Pater. Und wie ist das in Fällen, die auf der Kippe stehen zwischen Himmel und Erde? Der Pater gibt dem Gespräch eine andere Wendung. Die Glocke läutet zur Vesper. Wir waren auf dünnem Eis.

Tagebuch. Dritter Tag. Sonntag, 2. Februar 2003. Mariä Lichtmess. 9.30 Uhr. Die Kirche ist gefüllt mit Gläubigen. Sie haben Kerzen in den Händen. Die Mönche sind in cremefarbene Gewänder gehüllt. Die Brüder tragen hohe Kerzen auf goldenen Haltern vor sich her. Alle versammeln sich im Westchor um den Steinsarkophag des Kirchenstifters. Mariä Lichtmess ist eines der ältesten Marienfeste in der katholischen Kirche. Es wird seit der Reform von 1960 wieder gefeiert. Das Fest bezieht sich auf eine Vorschrift des Alten Testaments.

Im alten Israel galt eine Frau vierzig Tage nach der Geburt eines Knaben als unrein. Am vierzigsten Tag musste sie ein Schaf und eine Taube als Reinigungsopfer dem Priester übergeben. Der erstgeborene Sohn wurde an diesem Tag im Tempel Gott gezeigt und durch ein Geldopfer ausgelöst. Dort, wo sich das Datum des Geburtstagsfestes Christi mit dem 25. Dezember durchsetzte, feierte man vierzig Tage später, also am 2. Februar, dieses Reinigungsfest mit einer Lichterprozession. Seit dem 8. Jahrhundert verbreitete sich dieser Feiertag von Rom aus im gallisch-fränkischen Raum.

Die Mönche schreiten durch den Mittelgang der Kirche. An der Spitze des Zuges geht der Abt mit einem Hirtenstab. Er trägt einen rot gefütterten Umhang und auf dem Kopf eine Mitra. Die Gläubigen schließen sich dem Zug an. Mariä Lichtmess ist der glänzendste Feiertag im vorösterlichen Kalender. Eine leuchtende Brücke zwischen Geburt und Tod. Der Geruch von Wachs und Weihrauch erfüllt allmählich den Kirchenraum. Ein tausend Jahre alter Ritus. Und überall auf der Welt wird dieser Tag in allen katholischen Kirchen auf ähnliche Weise gefeiert. Von den Anden bis zu den Philippinen. Plötzlich wird einem klar, was für eine gewaltige globale Institution hinter dieser Veranstaltung steht. Mächtiger als alle Wirtschaftsimperien unserer Zeit. Das Licht von über hundert Kerzen gibt dem Raum einen matten Sonnenglanz. Aus dem Gewölbemosaik im Ostchor blinken goldene Blitze. Die Wände beginnen zu glühen, und jetzt kommt zum Hören auch das Sehen.

Tagebuch. Dritter Tag, Sonntag, 2. Februar 2003, 14.30 Uhr. Der Koffer ist verstaut. Das Zimmer geräumt. Die Glocken läuten zur Tages-

hore, die heute am Nachmittag stattfindet. Die Kammlinie der Berge
spiegelt sich im See. Sie erlischt an den Stellen, an denen der Wind
über die Wasserfläche streicht und der See blind wird. Aus einer der
blinden Zonen starten zwei Enten. Die Türme des himmlischen Jerusalem erzittern noch einmal im Rückspiegel und schwenken sich aus
dem Blickfeld. Utopia bleibt zurück hinter einer Pappelwand. Das
Auto rollt über den Pass. Was haben die Tage in Maria Laach gebracht? Nichts Konkretes. Keine Wunder. Keine Persönlichkeitsverän-
derung. Man ist kein anderer Mensch geworden. Aber – wenigstens
für kurze Zeit – vielleicht zornlos. Und in dieser Umschaltsekunde,
unmittelbar vor dem Wiedereintauchen in den Alltag, geschieht es:
Mit dem Blick durch den Rückspiegel auf den im Wind erblindeten
See fließt Gelassenheit ins Herz – wenn nicht sogar für einen kurzen
Moment Liebe zu den Menschen.

Durst nach der Quelle
Ein anderer Rhythmus und heilsame Kargheit

von Klaus Hofmeister

ein paar Mal im Jahr ziehe ich mich übers Wochenende in ein Kloster zurück, einmal im Jahr länger, für eine ganze Woche. Es sind Zeiten, die ganz anders sind als mein normales Leben mit reichlich Berufsarbeit, Ehe und Familie. Ganz ohne Fernsehen, Handy, Nachrichten, Telefonate, ganz im Schweigen. Aber obwohl sie so total herausgehoben sind, wirken sich diese Tage später im Alltag aus wie wenig anderes.

Ich habe kein Stammkloster für diese Tage, nur ein paar Adressen, die ich anrufe, wenn ich abtauchen will, wenn ich Morgenluft brauche in meinem Leben.

Zimmer für Klostergäste sind überall gleich spärlich eingerichtet: ein Tisch, ein Bett, ein Stuhl, eine Bibel im Regal und die Regel des Ordensgründers, schmal bei den Franziskanern, dicker bei den Benediktinern, eine Decke im Schrank. Noch jedes Mal schockiert mich diese Kargheit am Anfang: Hier bin ich ganz allein mit mir. Eine elementare Szenerie ohne Raum für Zerstreuung. Sie erleichtert, was ich hier will: ehrlich sein mit mir, schauen, was am Ende trägt.

Das Elend der Welt beginnt damit, hat Blaise Pascal gesagt, dass die Menschen es nicht alleine mit sich selbst in einem Zimmer aushalten. Das Glück beginnt damit, bewusst in diese Kargheit und Nüchternheit hineinzugehen und durch sie hindurch. Inzwischen weiß ich es aus Erfahrung. Denn von sich aus und auf den ersten Blick verströmt keine Klosterzelle diese Verheißung ...

Die Nasszelle ist meist gleich nebenan, oft fensterlos. Das tosende Abluftgebläse, das mit dem Lichtschalter kombiniert ist, raubt viel Klosterstille, weil es minutenlang nachläuft. Bald gehe ich nur noch im Dunkeln aufs Klo, dann bleibt die Stille ungestört. Sonst haben Klöster inzwischen oft Drei-Sterne-Niveau. Und wo Nonnen sind, ist alles nicht nur sauber, sondern rein ... (Und das meine ich gar nicht despektierlich.)

Die Stille suche ich, seitdem unser Pfarrer Anfang der siebziger Jahre für uns Messdiener Meditationskurse mit Elementen des Zen gab. Damals wurde in mir die Quelle angebohrt. Die lebendigen Wasser dieser Quelle werden immer wieder verschüttet. Aber ich weiß den Weg dahin. Er führt durch die Kargheit der Stille.

In meiner kleinen Zelle setze ich mich an den Schreibtisch. Die abgegriffene Klarsichthülle mit den „Gästeregeln im Kloster" verschwindet im Schrank, das Häkeldeckchen unter der Schreibtischlampe ebenso. Ich habe eine Kerze mitgebracht, zünde sie bedächtig an: Wo sie brennt, ist heiliger Ort, ist heilige Zeit.

Zum ersten Mal höre ich die Stille meines Zimmers. Wie sie klingt? Die Heizung müsste mal wieder entlüftet werden. Es tröpfelt hörbar unterm Fenster.

Das Tagebuch kommt auf den Tisch, und ich schlage bedeutsam eine neue Seite auf. Schreiben hilft, die Sinne zu schärfen. Jede Meditation, jede Betrachtung, jede Bibellesung, jeder Spaziergang, jede nennenswerte Begegnung, jeder Gottesdienst hat hier im Tagebuch ein Nachspiel: Was klingt nach in mir? Was hat sich eingeprägt? Welche Früchte sind zu sammeln? So lege ich mich innerlich auf die Lauer, lausche und erwarte gelassen und aufmerksam zugleich, was immer mir zufällt.

Spät war ich angekommen mit dem Zug, der Bruder an der Pforte musste auf mich warten. Er hätte sauer sein können. Aber er hat mich unspektakulär und freundlich begrüßt und mir den Zimmerschlüssel gegeben. Keine zwei Minuten waren wir zusammen und doch war die Begegnung nachhaltig. Irgendwie hatte ich den Eindruck, er hatte mich erwartet, wirklich erwartet. In wenigen Augenblicken der Begegnung hat er mir ein Gefühl geschenkt, das diesen ersten Abend im Kloster prägt: Irgendetwas, irgendjemand erwartet mich. Freude und Dankbarkeit erwachen. Mehr brauche ich nicht fürs Erste. Ein süßes Brot zum Knabbern: Ich bin erwartet. Der Bruder an der Pforte hat einen verdammt guten Job gemacht.

Ich gehe beruhigt, erwartungsvoll und vor allem früh schlafen. Der Jesuit und Exerzitienmeister Franz Jalicz hat mal kurz und bündig zusammengefasst, worauf es im geistlichen Leben ankommt. Der erste Gedanke ist mir hängen geblieben: ausreichend Schlaf! Ja, das werde ich hier im Kloster tun: schlafen, viel schlafen, um wach zu werden… Und vor allem werde ich mit Wonne die Laudes der Brüder um 5.30 Uhr verschlafen. Zumindest am ersten Tage…

Der erste Tag im Kloster dient dem Ankommen, Abschalten und Wachwerden. Der Kopf ist noch übervoll von der Arbeit der vorhergehenden Woche. Ich muss raus aus dem Kopf und rein in den Körper, in die Sinne. Die „Schule der Sinne" ist mein Programm für den ersten Tag. So viel Zeit wie möglich verbringe ich in der Natur mit Sinnesübungen. Zunächst gehe ich eine halbe Stunde lang langsam und achtsam, versuche nur meine Fußsohlen zu spüren, wie sie den Boden berühren, wie ich beim Gehen abrolle, wie der Boden durch die Schuhe spürbar wird, mich trägt. Dann setze ich mich und lasse die Erfahrungen nachklingen: Was habe ich dabei erlebt? Dann versuche ich eine halbe Stunde nur meine Haut zu spüren, wie der Wind sie streichelt, die Sonne sie wärmt, wie die Kühle mir in den Nacken kriecht. Dann versuche ich zu schauen, ganz konzentriert zu sein auf Bilder und Farben, dann zu hören: die Vögel, den heranwehenden Straßenlärm, den Rasenmäher, all das und vielleicht noch die Stille dahinter… Und nach jeder halben Stunde folgt eine Pause, zum Nachspüren, Schmecken und Verkosten der Erfahrungen mit den Sinnen.

Die Sinne liefern ihre Eindrücke und Informationen zwar immer, auch im stressigen Alltag. Aber nie kommen sie so zu ihrem Recht wie in den stillen Klostertagen. Wer immer laute Musik hört, dessen Flimmerhärchen im Innenohr werden geschädigt, und er hört nicht mehr so gut. Ein normaler stressiger Alltag ist für meine Sinne wie laute Musik: Sie brauchen Zeit um sich zu regenerieren, sie brauchen Übung und Aufmerksamkeit. Dann werden sie zu Toren in die Tiefe, meine Geh-Hilfen auf dem Weg zur Quelle.

Mittags führt mich der Gastpater zu meinem Platz im Refektorium der Mönche. Der Benediktinerabt kommt herein, geht freundlich auf mich zu und begrüßt mich. Der Händedruck ist kräftig und warm, etwas länger als „draußen" üblich. Ich habe den Eindruck, er wägt in diesen wenigen Sekunden meine Hand und damit mich. Früher als Theologiestudent meinte ich auch die unausgesprochene Frage mitzuspüren: Wäre das ein Nachwuchskandidat für uns? Aber jetzt ist es nicht unangenehm. Wir wechseln ein paar nicht zu ernste Worte. In den kommenden Tagen werde ich ihn nur in der ehrwürdigen Distanz erleben, die die benediktinische Liturgie mit und um den Abt herum inszeniert. Es war gut, ihn mit dieser kurzen Begegnung als warmen Menschen mit Witz und Lebensenergie zu erleben.

Der Blick in die Runde zeigt einen hohen Altersdurchschnitt. Bei den Benediktinern geht es ja noch. Aber anderswo ist das Ende eines intakten Ordenslebens klar absehbar. Es fehlt der Nachwuchs, der letzte bläst die Kerzen aus ... So viel Vergangenheit, so wenig Zukunft. Ich werde traurig, wenn ich mir vergegenwärtige, was hierzulande alles in den nächsten ein, zwei Generationen mit einer reichen Ordenstradition ausstirbt. Ich selbst verdanke Ordensleuten in meinem Leben viel. Dass heute so viele die Klöster als Orte der Stille und des Kultur gewordenen geistlichen Lebens schätzen, genügt nicht. Dieses Interesse allein kann den Niedergang, der viele Gemeinschaften ergreift, nicht aufhalten. Todes- und Abschiedsgedanken machen sich in mir breit. Sie sollen nicht zu viel Raum bekommen. Noch darf ich die Klosterkultur dankbar und lebendig erleben.

Benediktiner essen in Stille, meist sehr schnell. Man begreift bald, dass man bereits beim ersten Mal kräftig zulangen sollte. Ein zweites Mal kommen die Schüsseln nicht vorbei. Ein Bruder hat den Dienst des Tischlesers. Es wird nicht nur fromme Lektüre geboten. Auch Religionskundliches, Biographien oder Reiseberichte. Die Lesungen sind – so denke ich – für die Mönche interessante Fenster zur Welt.

Der Weg vom Mittagstisch zurück in die eigene Zelle ist nicht einfach. Es ist der Weg aus der Gemeinschaft zurück in die Wüste, in das Alleinsein mit mir. Meine Tage im Kloster sind klar durchstrukturiert. Neben der Teilnahme an der Liturgie im Kloster und bei den Mahlzeiten gibt es regelmäßige Exerzitienelemente. Mindestens drei Meditationsstunden gehören dazu. Außerdem das tägliche, eher kurze Gespräch mit dem Exerzitienbegleiter. Er kennt die emotionalen oder geistlichen Sackgassen solcher Tage im Kloster und hilft, sie zu vermeiden.

Kostbare Fixpunkte im Tageslauf sind die Gebetszeiten. Ein besonderes Schauspiel bieten sie bei den Benediktinern: Wenn die Glocke schrillt, sind es noch fünf Minuten. Die Mönche eilen zur „Statio" im Kreuzgang. Dort erwarten sie schweigend und gesammelt den Glockenschlag zum Introitus. Die Orgel hebt feierlich an und richtet auch mich in der Kirchenbank auf. Dann öffnen sich die Türen und die Mönche ziehen ein. Vorne der Abt, hinter ihm zu zwei und zwei die Brüder, geordnet nach Ordenszugehörigkeit, die Langjährigen zuerst, am Ende die Novizen und Postulanten. Man erkennt sie an ihrer Jugend, aber manchmal auch daran, dass sie noch nicht so formvollendet schreiten. Nicht nur das klösterliche Alltagsgewand, der Habit, vor allem die stoff- und faltenreiche Kukulle bei größeren Gottesdiensten, erfordert das würdevolle Schreiten, sonst würde der Mönch „verkleidet" wirken. Der Abt gibt das Tempo des Einzugs vor, es ist maßvoll wie alles bei den Benediktinern, nicht zu forsch, nicht zu zögerlich, ein imposantes Hereinwallen. Einen großen Konvent von manchmal siebzig oder hundert Mönchen zum Gottesdienst schreiten zu sehen, ist ein großes Schauspiel und folgt der stets gleichen Choreographie. Sie biegen ein in den Mittelgang, ziehen zum Altar, treten je zu zweit vor und verbeugen sich, trennen sich nach links und rechts auf ihre Plätze im Chorgestühl. Dann beginnt das Pingpong des Psalmengesangs, zwischen Schola und allen, zwischen rechter und linker Seite. Der ganze Chorraum atmet nun das Psalmengebet wie einen göttlichen Atem – ein und aus. Jeder Vers bietet einen Moment des Innehaltens, dann übernimmt die andere Seite. Wo ein Konvent den Gregorianischen Choral kultiviert und ernsthaft betreibt, dirigiert einer die uralten Neumen („Winke") aus dem Notenbild tatsächlich mit winkenden Handbewegungen und führt so die Schola. Alles geschieht schwebend, gespannt und entspannt zugleich, mit großer Ruhe, in der kraftvollen Sammlung, zu der eine spirituelle Gemeinschaft fähig ist.

Es ist die Ordnung, die mich fasziniert und die Gemeinschaft. Alles hat seinen Ort: jeder Beter im Chorraum, jede Geste, jede Lesung, jedes Gebet. Wenn geistliches Leben den Alltag prägen soll, braucht es Formen. Die Benediktiner haben sie gefunden. Anderthalbtausend Jahre gemeinsamen Lebens und Betens, ohne in den Formen erstarrt zu sein, beweisen das. An manchen Stellen im Gottesdienst verbeugen sich alle Mönche tief, dann herrscht absolutes Schweigen. Einer führt das Gebet weiter und alle richten sich wieder auf. Das kennt

man vom Freitagsgebet aus der Moschee, die tiefen gemeinsamen
Verbeugungen. So viel gemeinsam vollzogene Körperlichkeit im Gebet
wirkt immer imposant, unwillkürlich ducke ich mich mit. Dann wieder versammeln sich alle zur Kommunion um den Altar. Der Frie-
densgruß geht vom Liturgen aus, rechts und links, bis zu den Jüngs-
ten. Alles in Ruhe und gemessen. Wie ein sakrales Domino. Man
umarmt sich und führt die Wangen aneinander, dreht sich dann zum
nächsten, verneigt sich und umarmt ihn. Es ist ein Ritual, das Nähe
ermöglicht, aber – nur formal und höflich ausgeführt – auch die Distanz erlaubt. Das ist das Geniale vieler Rituale: Sie geben dem, was
wichtig ist, eine Form. Eine Form, die dem trägen Herzen wenn nötig
aufhelfen kann und es gleichzeitig davon entlastet, sich jedes Mal
neu einen originellen Ausdruck verschaffen zu müssen. Andererseits
bietet das Ritual alle Möglichkeiten, ein volles Herz hineinzulegen.

Am Ende des Gottesdienstes ziehen die Mönche aus, wieder in
derselben Ordnung wie beim Einzug. Der Gottesdienst ist für dieses
Mal beendet. Die Mönche haben darin unter anderem drei von 150
Psalmen gesungen, die anderen 147 werden sie in den anderen Got-
tesdiensten der Woche beten. In 52 Wochen im Jahr werden sie 52
Mal alle 150 Psalmen beten, Jahr um Jahr neu.

Der Gottesdienst war ein kleiner Schritt auf dem Weg in die Ewigkeit, nicht mehr als ein Atemzug in einem langen Leben, ein Pulsschlag. Der Gottesdienst als Pulsschlag eines Lebens. „Was ist der
Pulsschlag meines Lebens?", frage ich mich auf dem Weg ins abend-
liche Refektorium.

Immer neu ergriffen bin ich, wenn die Benediktiner nach dem
Abendessen der an diesem Tag verstorbenen Brüder und Schwestern
ihrer jeweiligen Kongregation gedenken. Dann werden uralte Toten-
bücher aufgeschlagen und Namen genannt, teils aus ganz frühen Jahrhunderten: Gozbald 855, Pirmin 914, Gotthard 1022 …

In meiner Zelle am Abend geht mir der Gedanke daran nach und
ich spüre eine starke Sehnsucht nach so einer starken Gemeinschaft,
nach einem solchen Dazugehören. In meiner Familie weiß ich kaum
noch Namen und Beruf meines Urgroßvaters, dann schon bricht die
familiäre Erinnerung ab. Hier in der Ordensfamilie werden sogar Namen aus dem ersten Jahrtausend genannt, und ihrer wird ehrfürchtig

gedacht. Ja, ich lese zwar im biblischen Buch des Jesaja, dass Gott meinen Namen in seine Hand geschrieben hat. Das sollte mir eigentlich reichen. Aber dennoch frage ich mich: Wer in meiner Familie wird sich in ein paar Jahrzehnten noch meiner erinnern? Der Sinn für die Zugehörigkeit der Geschwister ist bei den Benediktinern außerordentlich entwickelt und wird aufmerksam gepflegt.

Tage im Kloster sind so radikal anders als mein Alltag: Hier stehen die Stille, die Meditation, die Begegnung mit Texten und Figuren der Bibel ganz im Mittelpunkt. Die Gedanken an Beruf und Pflichten dürfen total zurücktreten. Im Alltag ist es genau andersherum. Schon bei der morgendlichen Meditation stürmen die Probleme und Aufgaben des Tages heran und erobern mich manchmal fast widerstandslos. Im Alltag den Sinn zu behalten für das Eigentliche des Lebens, für seine tiefere Dimension, ist nicht einfach.

Ordensleute haben es da leichter. Das ist der Zweck des gemeinsamen Lebens, zum Beispiel der Benediktiner, die spirituellen Gewichte gut zu verteilen: sieben Mal am Tag und in der Nacht Aufstehen zum Gebet, dazwischen Arbeit, Mahlzeiten und Rekreation, dann der Schlaf. Von den Mönchen in Maria Laach sagt man, sie hätten auch im Krieg niemals eine Gebetszeit ausgelassen. Dem Gottesdienst soll nichts vorgezogen werden, hat Benedikt eingeschärft. Selbstverständlich: Die Arbeit hat ihren Platz im Leben der Mönche, aber nicht auf diese wuchernde, ausufernde, tendenziell maßlose Weise, in der sie meistens unseren Welt-Alltag bestimmt. Die Arbeit wird zeitlich klar begrenzt und in ihre Schranken gewiesen. Wenn die Glocke zum Gottesdienst ruft, lässt der Mönch alles liegen und stehen. Da zeigen sich eindeutige, entlastende Prioritäten. „Arbeit, Arbeit" ist hier eben nicht „das ganze Leben"… In einem klar rhythmisierten Alltag mit seiner Balance aus Gebet und Arbeit nehmen einem die täglichen Sorgen vermutlich nicht so leicht den Atem wie „draußen". Oder ist das eine typische Idealisierung des Mönchsalltags?

Die Tendenz, das Klosterleben zu idealisieren und zu romantisieren, ist ja weit verbreitet. Nach vielen Begegnungen und Gesprächen mit alten und jungen Mönchen, mit frisch eingetretenen und ausgetretenen, mit unzufriedenen und glücklichen bin ich skeptisch gegen Idealisierungen. Im Kloster leben Menschen wie du und ich. Durch ein konsequentes, eventuell extremes Leben werden vielleicht die Guten schneller besser, die Liebevollen schneller heilig, die Schlechten schneller böse und die Bösen schneller kriminell. Auch unter Klostermenschen findet man die Abgründe des Menschlichen, ebenso wie die Höhen. Ein Abt erzählte die Geschichte eines Bruders, der die Türklinke zum Stall unter Strom setze, um einen Mitbruder zu töten. Das Unternehmen flog vorher auf, mit allen Konsequenzen. Das Opfer konnte dem Täter aus ganzem Herzen verzeihen. Was ein untrügliches Zeichen von Heiligkeit ist – man versetze sich nur in seine Lage.

Nach einigen Tagen im Kloster habe ich meine Plätze gefunden: die Wege, die ich gehe, um zu schauen, zu genießen, mich auszulaufen. Ich weiß die Orte, an denen ich gut eine Stunde in der Stille verbringen kann. Das Tagebuch hat viele neu beschriebene Seiten. Ich lese darin von Erfahrungen schmerzlicher Selbsterkenntnis, vom Erschrecken darüber, wie ich bin, vom Schmerz darüber, wie ich sein möchte und nie sein werde, von der Versöhnung mit meiner Angst, meiner Sehnsucht, meinen Grenzen. Alles hat hier im Kloster lauter, drängender an die Tür geklopft. Alle Gefühle, alle Angst, auch die Freude. Ich habe gelauscht, habe entdeckt, dass tiefe Erfahrungen manchmal leise sind, freigelegt werden wollen, wie bei einem Archäologen, der mit Messerchen und Pinselchen den uralten Goldreif freilegt oder vielleicht auch nur das uralte Skelett, die Leichen im Keller ... Die Zärtlichkeit Gottes ahne ich, als mich unterwegs die ersten kristallenen Schneeflocken umschweben, die Zärtlichkeit Jesu, als ich die Geschichte von der Fußwaschung meditiere. Von der Freude zu atmen ist die Rede, davon, einfach zu leben. Manches, was in langen Stunden der Meditation oder des Gebets geschieht, bleibt unverständlich: Warum diese Tränen an dieser Stelle, warum dieser Eindruck, den ich nicht vergesse? Manchmal kommt die Einsicht nach Monaten, wenn ich längst wieder zu Hause bin.

Die Tage im Kloster sind zu Ende. Einmal fällt es mir sehr leicht, an den Redaktionsschreibtisch zurückzukehren, ein anderes Mal brauche ich Tage, um aus der heilsamen Kargheit und Konzentration wieder herauszufinden in den Alltag, der mir andauernd „Multitasking"-Fähigkeiten abverlangt ...

Wieder zurückzukehren ins Kloster, für ein paar Tage, muss ich mir nicht vornehmen. Es zieht mich. Es ist wie eine offene Wunde, die von Zeit zu Zeit gepflegt werden muss. Das geht nur in der Stille, sonst könnte ich nicht gut weiterleben. Oder, biblischer: Der Durst treibt mich nach „Stille", nach der Quelle, die den Durst „stillt". Man beachte unsere Sprache: Die Stille vermag zu stillen …

Eine Frau unter Männern
Anruf im Kloster – und die Folgen

von Katrin Wilkens

Der Französischlehrer war ein Lump. Ein fieser, ungezogener Lump.

Mir fehlte zur Anmeldung zur Magisterprüfung nur noch der Nachweis einer zweiten, modernen Fremdsprache.

Aber der Französischlehrer an der Uni nahm das mit der Pisa-Studie ein wenig zu genau: Kein Prüfling sollte ungebildet von dannen ziehen. Und emanzipiert war er auch noch: Weil eh zu viel Männer die Chefetagen bevölkern, kümmerte er sich besonders ausgiebig um die Frauen. Haha.

Es war ein ganz schlechter Film: Kein einziges Mal konnte ich seine Sprechstunde aufsuchen, ohne dass ihm irgendetwas Anzügliches, Ekelhaftes einfiel. Mal gefiel ihm der Stoff meiner Kleider besonders, mal bemerkte er ein loses Haar auf meinen Schultern. Es war ein heißer Sommer, aber nie ging ich ohne Langarm-T-Shirt und Tuch um den Hals zu ihm. Diese Zugeständnisse setzten aber den Feldversuch erst in Gang: „Sie haben ja Schweißflecken unter dem Arm. Ist Ihnen heiß, wenn Sie zu mir kommen?" Ich wollte meine Prüfung und schwieg. Ich Depp! Nach jeder nicht bestandenen Prüfung wurde ich zu einem größeren. Jeder, dem ich meine Übersetzungen zeigte, schüttelte den Kopf: „Das ist doch Korinthenkackerei." Jeder, dem ich die Geschichte von dem feisten Frettchen erzählte, das sich Lehrer nannte, schüttelte noch mehr den Kopf: „Und das lässt du dir gefallen?"

Auch durch die vierte Prüfung fiel ich durch – und dann in ein tiefes Loch. Ich wollte nicht reden und nicht schweigen, ich wollte nicht getröstet werden und war nicht mehr bei Trost. Ich wollte weg. Zwei Stunden später rief ich in Maria Laach an. „Pater Athanasius, darf ich kommen? Jetzt?"

Ich bin kein sehr gläubiger Mensch, wohl christlich erzogen und leidlich bibelfest, mir schwirren zu einem durchdringenden Glauben zu viele Abers im Hirn. Katholisch bin ich auch nicht. Kloster auf Zeit, fand ich immer, ist was für Glockenrockträger, Wichtigtuer und Echtgläubige. Ich bin alles drei nicht. Und hatte vor Maria Laach ziemlich Angst.

Man fühlt sich als Eindringling, wenn man eine Welt besucht, die gut ohne einen auskommt. Man fühlt sich fremd in dem kleinen Zimmer, mit dem 60er-Jahre-Interieur und den handgehäkelten Tischdecken. Man fühlt sich fremd, wenn man morgens über den Gang flitzt, hin zum Waschraum, rein in die Dusche, damit einen nur ja keiner sieht im Männerkloster. Man fühlt sich die meiste Zeit so, dass der innere kleine Schweinehund einen ständig fragt: Was machst du hier eigentlich? Geh heim! Jetzt!

Kennen gelernt habe ich Pater Athanasius bei einem Manager-Seminar, das ich mir als Studentin anschauen durfte. „Wie wäre Moses als Manager?" Lauter wichtige Leute, zumindest lauter grau melierte Feinzwirnträger. Abteilungsleiter, Gruppenführer, Vorstandsvorsitzende. Lauter Leute, die sich an diesem leisen Ort hören müssen, um sich zu fühlen. Ich fand: Das Ganze war ein Status-Spiel. Man trifft sich in einer kleinen Gruppe, bestärkt sich in seiner Wichtigkeit und krönt das Gesamte mit historisch unzulässigen Vergleichen: Jaja, der Moses hatte es auch schon nicht leicht.

Ich begriff die Regeln, die bei denen galten, und hatte riesigen Respekt. Einer saß waffelkauend am Nachmittagstisch und fragte mich als Begrüßungs- und Kennenlernfrage: „Sagen Sie mal, glauben Sie eigentlich an Gott?" Ganz devot, ausführlich, ehrlich sagte ich: Für Lutheraner seien unter dem Begriff Glaube „Glaube und Zweifel" subsumiert, die Zeiten, in denen der Zweifel über den Glaube siege, überwiegten, aber dabei seien die lichten Momente, die leisen, die Samtpfötchenaugenblicke, in denen eine Gottesahnung durch meinen Körper blitzt, wunderschön. „Also *ich*", warf der Graumelierte ein, „ich glaube eigentlich immer." Der Respekt war futsch. Solche Leute besuchten das Kloster? Die von sich und der Welt waffelschmatzend überzeugt waren, dass der Zucker knirscht? Pater Athanasius sah mich staunen und sagte: „Ihr schüchterner Lady-Diana-Reh-Blick ist hier völlig überflüssig." Immer wieder verteilte er kleine Spitzen und regulierte das Klima. Profilierte sich einer mit Sprüchen wie „Wir waren doch alle schon mal in Israel", zog er die Augenbraue hoch und sagte „Ja?" Seine Erzählungen über das Leben im Kloster waren fromm, bösartig und wahr. „Wissen Sie, ich bin nicht eitel", sagte er am zweiten Abend, und sein Publikum nickte in frommer Ergebenheit, „ich bin gefallsüchtig! Zur Eitelkeit braucht man nur einen Spiegel, zur Gefallsucht braucht man auch noch Publikum."

Was denn, da steht einer nicht nur zu seiner Schwäche, sondern seziert sie auch noch? Da geriert sich einer, der sein Leben und Werk Gott versprochen hat, als Zweifler, noch dazu als humorvoller?

Sein Vortrag über die Schwierigkeiten eines Mönchs gehören für mich zu den schönsten Liebeserklärungen an Gott. Weil sie so glaubwürdig sind und einem nicht durch Selbstüberschätzungen wie „Also ich glaube eigentlich immer" die Luft zum Leben nehmen. Zu wem gehen Mönche, wenn sie an Gott zweifeln? Zur Beichte? Zu Mitbrüdern? Zu den Freunden draußen, die trotz oder besser gesagt wegen aller Abgeschiedenheit jedes Jahr, das man länger im Kloster verbringt, wichtiger werden?

Warum gesteht man großen toten Gläubigen ihre Zweifel zu, nicht aber kleinen, lebenden?

Am letzten Tag des Seminars wurden Visitenkarten getauscht. Man gab nicht nach dem Prinzip der Sympathie oder der beruflichen Synergie. Man tauschte nach Status. Wer wichtig war gab eine Karte, wer wichtiger war bekam sie. Klar, an einem so exzentrischen Ort: Pater Athanasius bekam von jedem eine. Von manchem sogar zwei, „falls Sie eine verlieren". Und umständlich zog er schließlich seine Börse aus seinem Habit hervor. Weil ich als Einzige keine zu verteilen, geschweige denn zu bekommen hatte, drückte er mir seine in die Hand. Fulminanter kann man die Lehre Jesu nicht schweigend erzählen.

Seitdem fahre ich regelmäßig nach Maria Laach. Die Vorstellung, jemandem aus einer ganz anderen Welt, aber mit weltlichem Sinn, etwas zu erzählen und auf seinen Ratschlag zu hören, hat etwas Weiches, Konstruktives, Fürsorgliches. Man kann sich jemandem anvertrauen, der so über den Dingen steht, dass er auf nichts Rücksicht nehmen muss: keine beruflichen Verbindungen, keine freundschaftlichen Bande, keine familiären Zügel. Keine Rücksicht – und deshalb so viel.

„Warum wundern Sie sich, dass Ihnen der Mann hinterher guckt, *obwohl* Sie sich sträuben? Das ist doch Ansporn und Reiz zugleich. Glauben Sie mir das. Ich bin ein Mann, ein alter dazu." Ein alter Benediktinermönch hat mir in zwei Stunden Gespräch mehr über die Männerwelt beigebracht als jeder meiner Freunde. Nicht weil es neue Weisheiten wären. Aber weil hier einer aus einer Lebenswelt spricht, die mir für 355 Tage im Jahr verschlossen ist. Das bringt eine konstruktive Schonungslosigkeit mit. Von beiden Seiten.

Nach meiner Französischlehrer-Pleite war es der einzige Ort, wo ich sein wollte. Hier zumindest stieren einem nicht fremde Männer hinterher, dachte ich.

Als ich ankam, sagte Pater Athanasius erst einmal nichts, sondern wies mir mein Zimmer zu, stellte mir Obst auf den Tisch und ließ mich in Ruhe. Eine Bibel auf dem Tisch, das Regelbuch des hl. Benedikt; man braucht nichts anderes in Maria Laach. Man kann um den Laacher See spazieren, sich im Buchladen des Klosters um Kopf und Kragen kaufen oder einfach nur in einen der vier Gottesdienste gehen. Die Gesänge können wie ein Wasserbett sein oder wie ein Futon. Warm und weich und sanft schaukeln einen die meditativen Klänge, man hört zu, man schweift ab, man kehrt zurück. Hart und fordernd und direkt sind sie, wenn man im ausgelegten Begleitheft die lateinischen Texte mitliest, den Psalmen folgt, sich wiedererkennt, schämt, schweigt.

Aber im Kirchenraum hat man erst einmal Ruhe. All die Überlegungen aus den Klosterräumen sind zunächst einmal nebensächlich: Wie grüße ich einen Mönch? Ansprechend, zunickend, wegguckend? Wie pünktlich ist pünktlich beim Mittagsessen? Eine, zwei oder drei Minuten vor der angegebenen Zeit? (Auch nur dreißig Sekunden nach 12.00 Uhr ist zu spät zum Mittagsessen. Alle stehen dann schon um den Tisch und beten.) Wie unterhält man sich höflich mit seinen Tischnachbarn und wird trotzdem in acht Minuten satt? Denn dann wird wieder abgeräumt. Oder noch schlimmer: Wohin schaut man, wenn man mit einer Gruppe Schweige-Beter am Tisch sitzt? Ich sitze mit fünfzehn davon am Tisch und auch, wenn ich mich nicht drängle, ein Gespräch zu führen, ist es komisch, so gar nichts zu sagen. Kein Bitte, kein Danke, wenn die Kartoffeln gereicht werden. Ich denke:

Wenn die sich nur einmal im Jahr treffen, dann gibt es doch so viel
zu erzählen. Dann will man doch wissen, wie es dem anderen geht.
Stattdessen ist schon die Begrüßung stumm. Man grüßt sich schweigend auf dem Gang. Alle wirken kontemplativ, allein, nicht einsam.
Mein Respekt-Reflex stellt sich ein: Hui, die bescheiden sich sogar im
Gespräch. Dann kommt der zweite Besuchspater in den Raum und
zeigt uns einen tanzenden und singenden Tannenbaum. Mitten im
Sommer batteriebetriebenes „Jingle Bells" in Maria Laach. Die Schwei-
ger essen stumm weiter, der junge Mönch zieht wieder ab, immer
wieder den Baum singen lassend. Als er draußen ist, guckt er noch
einmal um die Ecke und zwinkert mir zu.

Später beim Abwasch sagt er mir: „Ich wollte nur mal gucken, ob
sie richtig ernsthaft schweigen können. Sie können. Und wie."

Es ist die Weltlichkeit, die in Maria Laach beeindruckt und die
eine heilende Heiligkeit nicht ausschließt. Es ist kein Almosen-Kloster,
sondern finanziert sich seit eh und je selbst. Im Klosterladen kann
man Obst, Gemüse, Blumen, Pflanzen, Tees und alles, was heilt oder
schön macht oder beides oder keines kaufen. Nebenan werden
Schmiedetorverzierungen hergestellt. Und Holzmöbel. Und Keramik-
schalen. Das benediktinische „Ora et labora" – Bete und arbeite –
gibt den Mönchen eine Handfestigkeit, mit der sie auch zart Besai-
tete, Seelenkranke gut anpacken können.

Längst ist das Kloster im Internet vertreten, Tageszeitungen liegen
im Besucherraum aus und natürlich werden auch Fußballspiele im
Fernsehen angeschaut. Und so gesehen ist das Kloster für beide Gruppen etwas: für die Gläubigen, die auftanken wollen, atmen, zu sich
kommen, und für die Ungläubigen, die staunend in eine andere, eine
christliche Welt eintauchen, aber nicht mit Doktrinen zugeklebt werden wollen. Wer will, kann dort Wochen leben, ohne mit Gott sprechen zu müssen. Er muss nur damit zurechtkommen, dass es andere
tun.

Es wäre falsch zu behaupten, Maria Laach sei nur weltlich, der Ort
ist von einer linden kleinen Stille geprägt, Schritte unter knisternden
Kutten klingen bedeutsamer als in Miniröcken oder Jeans. Aber gerade die Toleranz und Vorsicht und die Sensibilität für Distanz lassen
jeden Besucher da, wo er ist: Keiner wird christlich indoktriniert. Man

besucht eine christliche Gemeinschaft, man darf mit den Mönchen Gott feiern und sich des Lebens freuen, man kann aber auch ganz einfach für sich sein, ein Buch lesen und all den Alltagssorgen die Türe weisen, „damit in allem Gott verherrlicht werde", wie es auf der Homepage des Klosters heißt.

„Sie müssen sich Ihrer Wirkung bewusst werden", sagt Pater Athanasius, „sonst werden Sie immer wieder durch die Prüfung fallen." Wir gehen einen langen Gang entlang, hinten, ganz hinten kommt uns ein Mönch, ein Priester, ein was? entgegen und winkt. Es ist der Abt des Klosters. Wie begrüßt man den? Küsst man ihm den Ring wie bei den Dornenvögeln? Lässt er sich von Protestanten überhaupt küssen? Knickst man besser? Oder biegt man fix und feige ab, aufs Klo? „Athanasius! Ist das Ihre Freundin, von der Sie uns erzählt haben? Ich muss sagen, Sie haben Geschmack." Spricht's, nickt, weicht.

Der Französischlehrer hat mich nie wieder belästigt.

Die Freiheit zu schweigen
48 Stunden im Trappistenkloster

von Markus Nolte

„Lassen Sie sich Zeit", hatte der Mann an der Pforte gesagt, als ich ihn im Kreuz Köln-Nord übers Handy informierte, wann ich ankommen würde. „Lassen Sie sich Zeit. Man braucht Zeit, um hier anzukommen."

Kurz vor Euskirchen wird das Land weit und flach. Links und rechts der A 1 weite Felder, in der Ferne einige Ortschaften, eine Industrieanlage. Nach der Abfahrt dauert die Hektik an. Man rast offensichtlich ganz gern, auch auf schmalen Eifelsträßchen. Kurz nach dem Flecken Vlatten geht das nicht mehr. Rechts hoch in den Wald. Kurvenreiche Strecke. Unerwartet heißt Heimbach willkommen. „Ruhe bitte, Kurort". Ein gedrängtes Dörfchen mit Stadtrechten und Burg. Man kann gewiss ein paar Tage die gute Eifelluft atmen und wandern und abends nach ein, zwei Bierchen gesund ins Bett fallen. Links geht es ab Richtung Mariawald. Jetzt wird's wirklich steil. Über engste Serpentinen, an Felshängen entlang bergan durch einen einzigen Wald, vier Kilometer. Dann öffnet sich das Gehölz, und eine weite, freie Landschaft breitet sich aus. Graublaue Wolken drücken auf aufgebrochene, rotbraune Eifelerde. Und plötzlich liegt es da. Das Kloster. Abtei Mariawald. Ein Eigenleben. Kein Einblick von irgendwoher. Es sieht so aus, als hätte es hier immer so ausgesehen. Eine Gaststätte, ein Klosterladen zerstören das Klischee.

Erster Tag

17.20 Uhr – Vesper
Eine quer gestellte Bank versperrt den Weg ins Kirchenschiff. An der Seite ein kleiner Eingang mit Rundbogen – „nur für Beter" steht auf dem Schild daneben. Im Kirchenschiff fünf Männer. Vorne im Chorraum, getrennt durch einen hölzernen Lettner, links und rechts je fünf Mönche im Chorgestühl, in weiße, weite Kukullen gehüllt. Es

heißt, es seien zwanzig Mönche hier. Wo sind die anderen? Wo ist der Abt? Ich dachte, hier wäre noch alles so, wie man sich Kloster-leben vorstellt: abgeschieden, abgeschlossen, schweigend, demütig, bescheiden. Streng an der 1500 Jahre alten Regel Benedikts aus-gerichtet. Vor den singenden Mönchen in der Kirche große Bücher mit großen Seiten. Sie singen deutsch, verneigen sich tief zum „Ehre sei dem Vater". Sehr tief. Im rechten Winkel. Auch die richtig Alten.

18.00 Uhr – Abendessen

Kurz vor dem Abendessen bekomme ich mein Zimmer. Einfach, schlicht, nicht ergreifend, nicht idyllisch. Unten im Erdgeschoss, wo die Pforte ist und der Speiseraum der Gäste, riecht es nach Heizöl. Treppe und Böden knarren. Am Ende des Flures eine Holztür mit kleinen, rauen Fenstern darin. Dahinter beginnt die Klausur. Diesseits der Tür der Speiseraum der Gäste. Zwei weitere Gäste begrüßen mich darin: ein Südamerikaner, der durch die Welt von einem Trap-pistenkloster zum anderen reist, und André, Lehramtskandidat aus Aachen. Wir sind unsicher, ob man schweigen soll beim Essen. Auf einem Schränkchen ein Schild: „Die CD ist eingelegt." Das soll das Schweigen erleichtern, erklärt ein bereitgelegtes Blatt. Die Musik ist so modern und atonal, dass wir beschließen, uns lieber leise zu unter-halten. Abendbrot mit reichlich Wurst, Käse, Tee. Die Mönche, erzählt der Südamerikaner, essen fleischlos. Die Gäste spülen selbst ab. Dabei schweigen wir, unbesprochen. Ein alter, haarloser Mönch kommt in die Spülküche. Wohl der Gastpater. Er lächelt. „Guten Abend", hat er gelächelt. Gesagt hat er nichts. Trappisten sind so, glaube ich. Weil sie ja schweigen. Es wird wohl so sein.

19.30 Uhr – Komplet

Vor der Komplet muss das restliche Gepäck aus dem Auto geholt wer-den. Denn nach der Komplet, hat der Mann an der Pforte gesagt (er ist kein Mönch), wird abgesperrt. Dann kommt man nicht mehr rein und raus. In der stockdunklen, nur von einer Kerze vor der madonna-erhellten Kirche steht ein Mönch, den ich nur in seiner dunklen Sil-houette wahrnehmen kann, und zieht am Glockenseil, das ins Chor-gestühl hängt. Im Kirchenschiff sind zwei Lampen angezündet, im

Chorraum eine. Der Rest des Chorgestühls ist dunkel, obwohl die
Mönche darin sitzen. Sie können doch gar nicht in die Bücher sehen,
denke ich.

Müssen sie auch nicht. Sie singen jeden Tag dieselben Texte zur
Komplet. Die können sie natürlich längst auswendig. Gegen Ende
wird mit einem Schlag alles Licht ausgeschaltet. Nur vor der Mutter-
gottes noch die Kerze. Sie singen das „Salve Regina" sehr langsam,
mystisch, archaisch. Wieder zieht der Mönch am Glockenseil, dreimal drei. Angelus. Danach wird im Kirchenschiff kalthelles Licht ein-
geschaltet. Wie ganz am Ende in der Disco, wenn man die Leute raus-
schmeißen will. Die Stimmung ist futsch. Nur nicht drin baden. Nicht
verführen lassen von Sentimentalität. Der Tag ist zu Ende. Vorsichts-
halber nehme ich einen Becher Rotwein, um drei Stunden früher als
gewohnt einschlafen zu können. Sonst geht das doch nicht morgen
früh.

Zweiter Tag
4.15 Uhr – Vigilien
Wenn man um acht Uhr ins Bett geht, hat man bis vier Uhr acht Stunden geschlafen. Das dürfte reichen. Es ist nur ein anderer Rhythmus.
Ich wüsste nicht, wann ich je so früh geweckt wurde. Was für ein
Glück, dass ich erst in diesem Jahr hierher gekommen bin. Auf einem
alten Tagesplan in meinem Zimmer beginnen die Vigilien noch um
3.45 Uhr. In einem alten Klosterführer von vor zehn Jahren sogar um
2.15 Uhr. Etwas kaltes Wasser ins Gesicht, rein in die Hose, zwei Pull-
over übereinander, Steppjacke. Ich habe nicht das Gefühl, todmüde
zu sein. Aus der Pforte über den Klosterplatz zur Kirche. Draußen ist
es stockfinster, der Himmel schwarz, weit und breit kein häusliches
Leuchten. Still, kein Wind geht. Auch in der Kirche nur wenig Licht,
eine Leuchte überm Chorgestühl, eine im Kirchenschiff, die Kerze
vor der Madonna. Der Weg aus dem Traum im Bett zum Gebet in der
Kirche ist kurz. Ein wunderbarer Zustand, nicht so recht wach zu sein
und auch nicht mehr schlafend. Einer der Mönche kommt bis zum
Lettner, winkt mich zu sich, zeigt mir schweigend im Inhaltsverzeich-
nis des Gebetbuchs, wo die Vigiltexte des Tages zu finden sind. Das ist
nett. Aber als ich die Seite aufschlage, merke ich, dass die Mönche

etwas völlig anderes beten. Mir bleibt zuzuhören. Nichts anderes hatte ich vor. Die Trappisten singen im tonus rectus, immer auf demselben Ton, rezitieren, murmeln.

Vigil heißt Nachtwache. Wach ist anders. Aber so ist es gut. Den nächsten Psalm liest ein Mönch vor. Es ist schön, sich um 4.30 Uhr in einer kalten, dunklen Kirche etwas vorlesen zu lassen. Um fünf liege ich wieder im Bett. Die Mönche meditieren. Bis zum nächsten Gebet in zwei Stunden.

7.15 Uhr – Laudes

Um kurz nach sieben piept mein Wecker zum zweiten Mal an diesem Tag. Kaum stehe ich auf den Beinen, bin ich glücklich. Die Sonne steht als glutroter Ball zwischen den Eifelbergen. In der Kirche fließt das Morgenlicht warm über die kahlen weißen Wände. Direkt nach dem Morgenlob, den Laudes, beginnt die Messe. Pater Klaus steht ihr vor, der früher einmal Abt in Österreich war und danach zwanzig Jahre Beichtvater in Kevelaer. Zu Beginn sagt er: „Es ist alles eine Ansichtssache: Ist das Glas halb voll oder halb leer?" Er spricht von der Fülle … Jeder Satz klar gesetzt, und dennoch klingt es alles andere als zurechtgelegt. Vielleicht erschwiegen.

Bei den Fürbitten spricht er zu Jesus von „leerreichen Kirchen". Mit zwei „e":" Es sind viele Plätze frei …. Und Jesus soll sie ausfüllen. Um 8.30 Uhr verlasse ich die Kirche. Draußen ist es taghell. Aber bewölkt. Dennoch bin ich guter Dinge. Ich habe die Sonne aufgehen sehen – begleitet von den Laudes. Das hat man nicht oft. So gewöhnt man sich nicht an derlei Schönes.

9.45 Uhr – Terz

Nach dem Frühstück frage ich nach einem Mönch, der mir etwas über das Leben hier erzählt. Der Herr Pförtner empfiehlt Pater Franz. Und just kommt dieser hereingeschneit. „Dieser Herr hätte gern ein Gespräch", sagt der Pförtner. Und Pater Franz, ohne mich oder den Pförtner anzusehen: „Sprechzimmer eins." Aha, Zimmer eins fürs Gespräch. Ich will kein Gespräch, kein seelsorgerliches jedenfalls, ich möchte einfach etwas über das Leben hier erfahren. Ich habe kein Problem, ich will nur mehr wissen.

In Zimmer eins stelle ich die Sache richtig. „Na dann", sagt Pater
Franz und erzählt, dass er aus dem Emsland kommt, dass er fünfund-
sechzig Jahre alt und erst seit elf Jahren hier ist. Ursprünglich war er
als Missionar lange Jahre in Namibia. Irgendwann habe er gemerkt,
dass er nicht mehr die Leute bekehren konnte, sondern selbst der
Bekehrung bedurfte. Mariawald kannte er von früher. Da will ich hin,
hat er sich gesagt. Also ist er direkt nach Mariawald gefahren beim
nächsten Heimaturlaub und wollte ein Gespräch mit dem Abt. Dem
hat er gesagt: „Wetten? Ich gehe hier nicht wieder weg." Das hat dem
Abt gefallen – und da ist der Pater Franz geblieben, etwas vereinfacht
gesagt: „Heute geht das natürlich nicht so ratzfatz. Ein Jahr braucht
man schon, um zu schauen, ob man zueinander passt. „Wissen Sie",
sagt Pater Franz, „viele kommen und genießen die Stille. Aber wenn
sie länger hier sind, finden sie es plötzlich schrecklich langweilig. Der
Alltag ist anders. Das ist schon ein hartes Leben hier, keine Frage."
Aber er sei glücklich, das könne er einfach nicht anders sagen.
Abends, wenn er im Bett liegt und überlegt, ob er mit allen Menschen in Frieden lebe und mit sich selbst auch und mit Gott erst recht
und wenn er, wie meist, ja sagen kann, dann sei er glücklich. Und was
wolle man denn mehr?

12.00 Uhr – Sext
Nach der Sext, dem kurzen Mittagsgebet, wird gegessen. Durch einen
Lautsprecher wird die Tischlesung aus dem Refektorium, dem Speisesaal der Mönche, übertragen. Nach einem Ausschnitt aus der Regel
des hl. Benedikt folgt eine Heiligengeschichte, dann wird aus einer
Biographie über John Henry Newman vorgelesen. Der Lektor tut sich
schwer mit den englischen Orten. Latein passt eindeutig besser in
diese Gemäuer, deutsch noch so eben. Aber Englisch? Die sollen nicht
so tun, als wären sie modern. Ich will das nicht. Merkwürdig.

14.00 Uhr – Non
Obwohl die Non – wie der Name sagt – zur neunten Stunde gebetet
werden sollte, eben um 15.00 Uhr, findet sie hier eine Stunde früher
statt. Ich merke: Die Form, die Lebensform und das Gebet strahlen
von sich aus. Unabhängig von den Macken und Eigenheiten der ein-

zelnen Mönche und unabhängig davon, ob die Non zur neunten oder eben zur achten Stunde gebetet wird. Am Nachmittag, als Pater Franz mir das Kloster zeigt – den Kapitelsaal, die Bibliothek, die Likör-Brennerei (jawohl! zwei Sorten gibt es), den Friedhof, auf dem die Mönche nur auf einem Brett und bedeckt mit Tannengrün beerdigt werden und an die nur Name und Todestag erinnern, das einfache Refektorium mit Hockern statt Stühlen und wenig hübschen Aluminiumplatten als Teller, und als ich dann den Novizen kennen lerne, der dort wischt, und sehe und höre, wie er lacht und was er für einen Spaß hat – da merke ich: So unvorstellbar streng, wie ich mir das – warum auch immer – vorgestellt habe, ist es nicht. Dennoch: Offiziell heißen die Trappisten „Zisterzienser von der strengeren Observanz". Was also heißt „streng"? Nach Vesper, Abendessen, Komplet spreche ich mit André. Übers Klosterleben. Wir sind beeindruckt, weil alles anders ist. Auch anders als unsere merkwürdigen Vorstellungen.

Dritter Tag
8.30 Uhr – Frühstück
Angesichts meines Tagesprogramms, das mich heute wieder zurück „in die Welt" schicken und gut und gern bis 23.00 Uhr gehen wird, schenke ich mir Vigil und Laudes, um bis zum Abend fit zu sein. Kollision der Lebensformen. Der Abt klopft an meine Tür. „Guten Tag, ich bin Bruder Bruno", sagt er. So leise, so zurückhaltend, dass ich mir fürchterlich polterig vorkomme, noch bevor ich etwas gesagt habe. Es folgt kein Abts-Empfang, es beginnt ein Gespräch, so tief und erhebend, wie ich es noch nie erlebt habe. Etwas Kostbares. Abt Bruno Hooskens, dreiundsechzig Jahre alt, Niederländer, seit drei Jahren Vorsteher der Abtei. Zerbrechlich wirkt er, fein, trägt ein schlichtes Holzkreuz. Also, was heißt „streng"? „Ein gefährliches Wort", sagt Bruder Bruno, „weil es Ideologie meinen kann, die keine Verbindung zum realen Ich hat. Als ich mit neunzehn Jahren ins Kloster eintrat, wollte ich sofort ein guter Mönch sein, aber die erste Ebene ist: Menschsein. Damit ist man sein Leben lang beschäftigt." Und dann gebe es noch die Ebenen „Christsein" und dann erst „Mönchsein". Man hänge in Mariawald noch an vielem in der Annahme, es sei wesentlich. Aber vieles ist nicht wesentlich. Man muss genau hinschauen. „Inkultura-

tion" nennt er das. Askese, das sei die Übung, frei zu werden, weniger gefesselt an Verlangen und Bedürfnisse. Ein guter Untergrund für das Gebet. Und das Gebet, sagt der Abt, sei wichtig für die Menschheit, für die Welt. Das gelte auch für Menschen, die nicht beten. „Viele beten, ohne es zu wissen", sagt er. Er spricht unglaublich leise, nahe am Schweigen. Jedes Wort klingt neu, als würde er es zum ersten Mal sagen. Aber er weiß genau, wovon er spricht. Dieser Mann hat eine unglaubliche Verbundenheit zum Guten im Menschen. Noch einmal Askese. Abhängigkeiten sein lassen, um frei zu werden. Aber: „Was Freiheit ist, weiß man nur, wenn man zur Freiheit gekommen ist." Ich finde ihn weise. Ich wüsste nicht, wann ich das je über jemanden dachte. Zeit für die Sext. Minuten später sitzt er auf seinen Beinen auf dem Holzboden des Chorgestühls.

Am Nachmittag mache ich mich auf den Heimweg. Kurz hinter Heimbach überholt mich ein Motorrad.

Der Himmel reißt auf, die Wolken verziehen sich
Ausstieg auf Zeit –Timing fürs Leben

von Rita Döbbe

Der Mittagsdämon sei da wohl gerade am Werke, meinte Pater Marian bei unserem Gang über das Klostergelände, als er mir die verschiedenen klösterlichen Betriebe von Königsmünster zeigen wollte. Statt großer Geschäftigkeit bot sich dem Besucher ein Bild schläfriger Ruhe und Stille, und auch wir Inspizienten strotzten nach einem guten Mittagessen nicht gerade vor Energie und Entdeckerfreude. Schlechtes Timing also. Ja, aber alles ganz menschlich. Die Mittagsstunde sei in der Auffassung Benedikts und der ganzen monastischen Tradition südlicher Regionen als heißeste Stunde des Tages auch die Stunde der Ermüdung. Man sah darin den „Mittagsdämon" am Werke, der den Menschen die Energie raubt. Aus der Höhe des Tages wird er damit konfrontiert, dass ihm die Kraft ausgeht. Diese Erfahrung geht in das Mittagsgebet ein, wenn die Mönche singen: „Die Glut des Tages treibt mich um." Eine schöne Erklärung für die Erkenntnis, die inzwischen auch wissenschaftlich belegt ist, dass mittags um 2.00 Uhr der Biorhythmus des Menschen am Boden liegt.

Ich hatte Pater Marian, Benediktiner in Königsmünster, bei meinen Recherchen und Dreharbeiten für einen Film kennen gelernt, der dann im ZDF unter dem Titel „Ausstieg auf Zeit: Faszination Kloster" lief. Dabei ging es um die Frage, warum so viele Menschen ein Kloster aufsuchen, um dort eine Auszeit zu nehmen. Den Recherchen waren meine eigenen Besuche in verschiedenen Klöstern vorangegangen.

Ich komme aus einer profund katholischen Familie, zu der mit meiner Tante auch eine Ordensfrau zählt. Sie gehört dem Orden der Heiligstätter Schulschwestern an. Da ich die Arbeit der karitativ und sozial aktiven Orden und die damit verbundene Lebensform aus Erzählungen in meiner Familie kenne, waren meine „Klostergänge" nicht von der Neugierde auf diese Lebensform getrieben. Ich wollte vor allem kontemplative Orden und Klöster als besondere sakrale Orte kennen lernen. Mich interessierte deren Spiritualität. Wie verbinden sie Actio und Contemplatio? Wie gehen sie mit der Zeit um, der Zeit für die Arbeit, der Zeit fürs Gebet, der Zeit zum Leben?

Ich habe selbst keine Erfahrung mit „Kloster auf Zeit" gemacht, mein Interesse galt den Programmen und Kursen. Durch eine Kollegin war ich auf diese für mich neue Form der Gastfreundschaft aufmerksam geworden. Viele Orden haben in den letzten Jahren Gästehäuser auf ihrem Klostergelände errichtet und sich, was Komfort und Konzept angeht, auf uns moderne Sinnsuchende eingestellt. Es gibt ein vielfältiges Angebot an Meditationen, Kursen, Körperübungen. Der Kursteilnehmer lebt dort nicht in der Klausur mit den Ordensfrauen und Mönchen, kann aber an ihren Gebetszeiten teilnehmen, profitiert von der besonderen Ausstrahlung des Ortes und der guten Klosterküche – und besucht einen Kurs. Häufig sind es Einführungen in die Kontemplations- und Meditationsform, die die Ordensleute in dem jeweiligen Kloster selbst täglich einüben. In vielen Häusern gehört die Einübung in nicht-christliche Meditationsformen wie Zen, Qi Gong, Tai Ji ebenso dazu wie Fastenkurse, Traumdeutung oder die thematische Beschäftigung mit Sinnfragen.

Meine Klostergänge fallen in die neunziger Jahre. Der Beginn meiner Berufstätigkeit lag noch nicht so lange hinter mir. „Stressig", das war meine Lieblingsantwort auf die Frage, wie es mir geht. Stress sollte aber nicht zum Leitmotiv meiner Arbeit überhaupt werden. Es musste doch einen Unterschied geben zwischen Stress und erfüllter sinnvoller Arbeit. Wann wächst mir etwas über den Kopf? Wann bin ich überanstrengt und wann auf der Höhe meiner Leistungsfähigkeit und sinnvoll angespannt? Außerdem oder als psychosomatische Folge hatte ich Rückenbeschwerden, die auch von einer – mehr als physiologisch sinnvoll – gekrümmten Wirbelsäule herrühren. Ich wollte meinem Rücken eine andere Form der Aufmerksamkeit zukommen lassen als durch krankengymnastische Übungen oder ärztliche Einrenkprozeduren.

Also habe ich einige Kurse besucht, in denen ein ganzheitlicher, körperbewusster Ansatz verfolgt wurde. Zwei davon sind mir besonders in Erinnerung: „Rhythmus-Atem-Bewegung" nach H. L. Scharing bei den Pallottinerinnen in Limburg und „Gott führe mich ins Weite", eine Einübung der sechs Grundgebärden nach Silvia Ostertag in der Abtei der Benediktiner in Münsterschwarzach.

Das sechste Übungsprinzip bei „Rhythmus-Atem-Bewegung" fordert dazu auf, den Umgang mit Widerständen einzuüben. Widerstände müssen nicht immer als etwas Feindliches erfahren werden. Man nimmt sie wahr, lässt sich von ihnen herausfordern und wächst an ihnen. Neben einem solchen Impuls bekam ich auch neue Zugänge zu alten Redensarten wie „eine Haltung haben" oder „einen Standpunkt einnehmen".

Die sechs Grundgebärden sind eine Folge von Bewegungen, die man stehend und gehend mit Armen und Händen ausführt, entfernt anmutend wie Tai Ji: angefangen mit dem Auf-etwas-Zugehen und Zeigen (1), zum Sich-Öffnen (2), zum Abgrenzen durch eine Geste mit beiden Händen (3), dem An-sich-Halten und der Konzentration auf sich selbst (4), dem Suchen und Herumirren (5) bis zum Stehen mit einer Gebärde, die eine Vermittlung der eigenen Person zwischen Himmel und Erde ausdrückt (6). (Silvia Ostertag möge die etwas simple Beschreibung entschuldigen.) Die Gebärden und Gesten geben Einblicke darin, wie man sich durchs Leben bewegt. Sie sollen der „Selbstwerdung" dienen. Die Gesten sind wie ein Repertoire an Lebenshaltungen, ihre Wiederholung vereinfacht komplexe menschliche Handlungen und verbindet sie zu einem einfachen Zirkel. Ich begann, die sechs Gebärden zu einem täglichen Ritual zu machen und hatte den Eindruck, dadurch Abstand zum alltäglichen Kleinkampf zu bekommen. Diese Kurse haben mir geholfen, mehr auf Gesten zu achten und Körperlichkeit wertzuschätzen.

Auf menschliche Werte Acht geben, das wurde in allen Angeboten betont. Man setzte dem bloßen „Funktionieren-Müssen" eine andere Ordnung entgegen: Der Mensch ist vor aller Leistung anerkannt. „Du kannst alles, du musst es nur tun: Just do it". Das ist in den Köpfen der meisten Menschen drin. Als ließe sich die Leistungsfähigkeit beliebig verbessern, als verfüge jeder selbst über die eigene Kreativität. Ich glaube manchmal, dass in diesen alten Traditionen, die in den Klöstern gepflegt werden, sehr viel Wissen und Lebensklugheit aufgehoben ist, zum Beispiel über die Grenzen menschlicher Kraft, und wie man mit ihnen sinnvoll umgehen kann.

Leistungsfähigkeit oder Stress? Das blieb eine wichtige Frage für mich. Mein Lieblingszugang zu diesem Thema verdanke ich dem Gespräch mit Pater Marian. Auch er käme manchmal in Hektik und Stress hinein, gab er zu. Er habe sich mit dieser Erfahrung aber ausgesöhnt. Er erklärte das mit einem Bild, das ihm auf einem Spaziergang an einem schönen Sommertag gekommen sei. Der blaue Himmel und die Wolken, die sich dort auftürmten. Der blaue Himmel sei der umfassende, umfangende Zeitrahmen. Die Wolken seien ein Bild für die Zeiterfahrungen seines Lebens, das Verfangensein in die Zwänge des Alltags und das Verschlungenwerden vom Täglichen. Die alltägliche Zeiterfahrung sei also aufgehoben in der größeren göttlichen, symbolisiert durch den blauen Himmel und ausgedrückt in dem Psalmwort: meine Zeit in deiner Zeit.

Da saß also ein Mönch vor mir, der in Hektik geraten kann! Das größere Aha-Erlebnis hatte ich aber bei der lebenspraktischen Bedeutung dieses Bildes, der Mensch sei wohl nicht allein für die Ruhe und Stille bestimmt, sondern habe eben Phasen des Stresses und der Anstrengung zu meistern und wenn man das Bild im Kopf habe, müsse man auch nicht immer gegensteuern, um zur Langsamkeit und Ruhe zu kommen, sondern könne sich voll in die Zwänge des Alltags hineinbegeben, weil man weiß: Dahinter liege der allumfassende göttliche Raum. Und es bliebe ja auch die Hoffnung, dass der Himmel irgendwann wieder aufreiße und die Wolken sich verziehen.

In die Burg. Heraus aus der Burg
Exerzitien im Frauenkloster

von Andrea Schwarz

$e$ndlich. Das blau-weiße Autobahnschild kündigt Dinklage als nächste Ausfahrt an. Ich strecke mich ein bisschen im Auto – so gut das bei Tempo 130 eben geht – und freue mich aufs Ankommen. 450 Kilometer sind eben doch eine Strecke, im Ruhrgebiet bin ich in den Feierabendverkehr hineingeraten, und so hat sich die Fahrt ziemlich hingezogen. Ein Blick auf die Uhr: Zur Vesper wird es mir nicht mehr reichen, schade.

Aufatmend biege ich schließlich von der Landstraße ab in ein dichtes Waldgebiet, versuche die größten Pfützen und Schlaglöcher zu umfahren und weiß genau: Hinter der kleinen Kurve sieht man die Burg zum ersten Mal. Und jedes Mal tut mir der Anblick wieder von neuem gut: das alte Wasserschloss, der Burggraben davor, das große, mächtige Tor. Als ich aussteige, hole ich tief Luft – die schmeckt hier schon ein bisschen nach Meer, es ist frischer als bei uns in Viernheim – und ich stehe einfach einen Moment still und komme an.

„Muss man eigentlich wirklich so weit fahren, um Exerzitien zu machen?" Die zweifelnde Frage eines Kollegen kommt mir wieder in den Sinn, und ich muss schmunzeln. Natürlich, es gibt viele Klöster, die räumlich für mich näher liegen würden. Aber kann man wirklich bewusst und rational entscheiden, woran man sein Herz ein bisschen verliert?

Dinklage und die Benediktinerinnen dort, das war vor einigen Jahren ein Tipp meines damaligen geistlichen Begleiters gewesen. Und dann habe ich mich dort einfach angemeldet und bin hingefahren. Ich kannte die Landschaft von Urlauben her – und ich mag das flache Land, den hohen Himmel und die ziehenden Wolken, die nicht zulassen, dass die Gedanken eng bleiben. Vollkommen überrascht stand ich damals vor dieser alten Wasserburg mit dem großen Tor, das doch zuerst ein wenig abweisend wirkt – und war irgendwie fasziniert. Der Ort hatte etwas. Es gibt solche Orte, von denen eine gewisse

Kraft ausgeht, ohne dass man erklären könnte, warum. Ich zog an dem Glockenstrang, die Glocke schlug an, ich hörte klappernde Schritte, ein Schlüssel drehte sich leicht quietschend im Schloss, und das Tor gab den Blick auf eine kleine, quirlige Ordensschwester frei, die mich so herzlich begrüßte, als wäre ich die verlorene Tochter des Hauses.

Und seit dem Tag habe ich mein Herz ein bisschen an diesen Ort und an dieses Kloster verloren – und bin immer wieder zurückgekehrt. Dinklage, das hat für mich etwas mit „heimkommen" zu tun. Und manchmal, wenn in Viernheim der pastorale Alltag gerad mal wieder über mich hereinbricht, dann taucht vor meinem Auge diese alte Wasserburg auf, die Enten, die auf dem Burggraben gemächlich umherpaddeln, dann sehe ich die Schwestern vor mir, wie sie nach der Gebetszeit schweigend aus der alten Kirchenscheune ausziehen, dann höre ich die fröhlichen Stimmen von Schwester Benedikta oder Schwester Carola – und ein bisschen Ruhe kehrt in mir ein.

Es ist wichtig, um solch einen Ort und um solche Menschen zu wissen. Gerade dann, wenn einem manchmal im Alltag die eigene Mitte verloren geht. Und noch wichtiger ist es, solche Orte und solche Menschen ab und an aufzusuchen – weil sie dabei helfen, die eigene Mitte wieder zu finden.

Wie das geht? Wie andere das machen, weiß ich natürlich nicht – mein „Zauberwort" heißt: „Ich bin." Ein paar Tage einfach nur sein, da sein an einem Ort, der gut tut. Zeit haben, um in der Kirche zu sein, ohne darauf achten zu müssen, ob der Aushang noch aktuell ist, ein Gesangbuch kaputtgegangen ist, Papier auf dem Boden liegt. Zeit haben, vor Gott zu sein, in der Stille, im Schweigen, im Gebet. Sich hineingeben können in das Gebet der Schwestern, mitbetend oder auch mal nur hörend. Schlichte Eucharistiefeiern, in denen das Eigentliche zum Tragen kommt ...

Einfach nur sein – bei einem langen Spaziergang durch den Wildpark, beim Lesen eines Buches, im Gespräch mit einer Schwester, beim Stöbern in der Klosterbuchhandlung – und von mir aus auch beim Einkaufsbummel durch Vechta.

In einem der Bücher von Johannes Bours fand ich einmal seine „Definition" von „Exerzitien". Er erinnert an die mittelalterlichen Bur-

gen: Wenn die Soldaten exerzieren, also üben sollten, dann mussten
sie aus der Burg herauskommen und auf den Exerzierplatz gehen.
Exerzitien als „aus meiner Burg herauskommen"... und wenn meine
„Alltagsburg" heißt, dass ich oft nicht regelmäßig zum Essen komme,
dass ich manchmal zu wenig schlafe, dass ich nicht dazukomme, ein
gutes Fachbuch zu lesen oder endlich ein Paar Winterschuhe zu kaufen – warum dann nicht gerade all das in diesen Tagen tun...?

In die Burg gehen, um aus meiner Burg herauszukommen ...

Als ich das erste Mal in Dinklage war, hatte ich irgendwie damit ge-
rechnet, auch in der Burg untergebracht zu sein – und landete dann
im Gästehaus gegenüber. Es war November, der Wind blies rau und es
war ziemlich kalt. Ich war jedes Mal froh, wenn ich das Burgtor geöffnet hatte und in den geschützten Innenhof kam und dann in die
Kirche. Für mich war das ein Bild meines Glaubens: mich aus den
Stürmen meines Alltagslebens in die Geborgenheit Gottes hineinbegeben zu dürfen. Aber dann, eine halbe Stunde später, musste ich aus
dem Schutz des Innenhofes wieder hinaus in den Sturm und mir den
Wind um die Nase pfeifen lassen. Christ-Sein heißt eben nicht nur,
geborgen vor den Füssen des Herrn zu sitzen, sondern auch immer
wieder hinauszugehen, allen Stürmen zum Trotz. Damals wurde für
mich jedes Hinein- und Hinausgehen aus der Burg ein geistlicher
Impuls, der manchmal mehr sagte als viele Worte.
   Als ich das nächste Mal kam, war ich darauf eingestellt, im Gästehaus zu sein – und bekam ein Zimmer in der Burg. Wenn ich gewollt
hätte, hätte ich die ganze Zeit in dem geschützten Raum verbringen
können – und als Reaktion darauf drängte es mich regelrecht aus der
Burg hinaus. Als mir das bewusst wurde, musste ich schmunzeln –
meine Erfahrung vom letzten Mal war mir noch sehr gegenwärtig:
Also, wenn ich immer im geschützten Raum wäre, dann wäre das
wohl auch nichts für mich. Manchmal können sogar Häuser und Burgen spirituelle Erfahrungen ermöglichen ...
   Dinklage ist ein Ort, der mir gut tut. Und die Menschen dort tun
mir gut. Bei den Ordensschwestern ist man gut aufgehoben. Auch die
anderen Gäste sind oft recht interessant, wenn man denn mit ihnen

ins Gespräch kommen möchte. Man kann auch ganz seine Ruhe haben – und wird auch damit „gelassen".

Einige Menschen aus den beiden Gemeinden, in denen ich mitarbeite, haben anscheinend gemerkt, dass ich von Dinklage anders zurückkomme, als ich hinfahre – und so ergaben sich die ersten tastenden Fragen: „Was macht man denn da so?" – „Kann man da auch mal hin?" – „Exerzitien? Also, die ganze Zeit schweigen, das könnte ich nicht – aber probieren würde ich es doch ganz gern einmal ...".

Mein Angebot, die Telefonnummer des Klosters weiterzugeben und es doch einfach mal zu versuchen, fand verständlicherweise keine große Resonanz. Klar, für die junge Mutter mit zwei Kindern, den Koch und die Seniorin Anfang siebzig ist ein Kloster eine genauso fremde Welt wie ein Land in Afrika: eine andere Kultur, andere Bräuche, andere Regeln. Und auch, wenn man im Kloster – meistens jedenfalls – deutsch spricht, von einigen Gebetszeiten in Latein abgesehen, so ist es eben doch eine andere Sprache, religiös gefärbt und verdichtet. Alleine würden sie sich in diese fremde Welt nicht trauen – aber wenn jemand mitgehen würde, der sich hier ein bisschen auskennt ...?

Warum eigentlich nicht? Ich sprach mit dem Pfarrer darüber, rief im Kloster an, ob irgendwann mal das Gästehaus für fünf Tage frei wäre – und lud über unser Gemeindeblättchen zu „Gemeindeexerzitien in Dinklage" ein. Ein Priesterfreund aus der Diözese Würzburg hatte ebenfalls Interesse mitzukommen, er brachte drei Frauen aus seinem Arbeitsbereich mit – und die restlichen Teilnehmerplätze waren im Nu belegt.

Bei einem Vortreffen erzählte ich ein wenig von Dinklage und warum es sich aus meiner Sicht lohnt, dafür 450 km zu fahren. Und wir trafen konkrete Vereinbarungen, wie wir die Tage dort miteinander gestalten wollten. Mit Blick auf die Teilnehmer war mir klar, fünf Tage Schweigen, das ist eindeutig eine Überforderung. Es muss auch eine Möglichkeit geben, die Erfahrungen zu verarbeiten, die man in dieser „fremden Welt" macht. Und ganz einfach „zu sein" und den Tag sinnvoll zu gestalten, das kann für Menschen, die in ihrem Alltag dauernd unter hohen Anforderungen von außen stehen, schon ein wenig schwierig sein.

Wir einigten uns dann auf etwas „Mittleres": miteinander sprechen beim Essen und beim Spülen, ansonsten tagsüber Schweigen, damit der Smalltalk und die Nebenbemerkungen nicht die Besinnung vertreiben. Was man am Abend macht – ob man in Ruhe und Stille auf seinem Zimmer bleibt oder sich der lockeren Runde zugesellt –, das bleibt jedem selbst überlassen. Auch eine geistlich-religiöse Begleitung sollte es geben: So vereinbarten der Priester und ich, dass wir jeweils am Vormittag einen Gesprächskreis von einer Stunde zur jeweiligen Tageslesung anbieten würden.

Mein Ziel war ganz einfach, den Teilnehmern den Wert solcher Tage ein wenig näher zu bringen, ihnen zu helfen, sich der eigenen Mitte etwas anzunähern, und, wenn möglich, ihre Schwellenangst soweit herunterzusetzen, dass sich dann vielleicht doch jemand einmal alleine hintraut.

Diese „Gemeindeexerzitien" wurden ein voller Erfolg. Die Tage taten den Teilnehmern gut, es waren spirituell sehr dichte Tage – das merkte man an den Gesprächen beim Essen. Der Gesprächskreis zu den Schriftstellen war eine wichtige Unterstützung – und die Gottesdienste und Gebetszeiten mit den Schwestern taten das ihre. Einer unserer Teilnehmer war in der Klosterbuchhandlung auf die Ikonen gestoßen, die in Dinklage „geschrieben" werden – und bestellte kurzerhand eine Familienikone. Und dann erklärte er mir ganz stolz, dass sie etwa ein Jahr zur Fertigstellung brauchte, Sr. Anke würde ihm Bescheid geben – und dann würde er mit der ganzen Familie nach Dinklage fahren – das müssten die einfach mal erleben! Zwei der drei Teilnehmerinnen aus Würzburg erklärten, dass sie schon mit den Schwestern gesprochen hätten und nächstes Jahr gerne die Kar- und Ostertage bei ihnen verbringen würden. Ich staunte nur noch – und war froh, wie die Idee gegriffen hatte. Allen Teilnehmern gemeinsam war die Frage, wann wir denn wieder so was machen würden – und die Hälfte unserer Plätze für die „Gemeindeexerzitien" in diesem Jahr waren schon nach der ersten Ankündigung im Gemeindeblättchen belegt.

Was ist das, was den Zauber dieses befristeten Klosteraufenthalts ausmacht? Für mich ist es zuerst einmal etwas „Archaisch-Mystisches". Man taucht in eine andere Welt ein, in eine Wirklichkeit, die als Sehnsucht ganz tief in einem selbst schlummert. Da ist etwas Numinoses, Heiliges, was sich dem Berühren entzieht – und zugleich doch anzieht. Für mich wird das offensichtlich in dem Moment, in dem die Benediktinerinnen schweigend und geordnet in ihren schwarzen Gewändern nach der Verneigung den Kirchenraum verlassen – und die große Tür mit einem entsprechenden Geräusch zugeschoben wird. Da gibt es mitten in unserer lauten und hektischen Welt einen Ort, an dem 30 Frauen aller Altersstufen ihr Leben Gott weihen und allein durch ihre Präsenz erinnern und ermutigen. Und doch ist diese andere Welt mitten in unserer Welt: An den frei formulierten Fürbitten der Schwestern kann man die aktuell-politischen Tagesereignisse heraushören, auch wenn man selbst in den Tagen des Klosteraufenthalts keine Zeitung liest oder Nachrichten hört. Die Schwestern sind am Puls der Zeit, so zeitlos sie zu leben scheinen. Hier wird nicht Mystik gegen Politik ausgespielt, sondern der konkrete Einsatz für den Menschen wird durch Taten gezeigt. Man glaubt den Schwestern, was sie beten. Der Scheck ist sozusagen „gedeckt".

Wenn man im Laufe der Zeit die eine oder andere Schwester ein wenig näher kennen lernt und all diese individuellen Persönlichkeiten erlebt, dann ahnt man einen weiteren Grund, was dieses Kloster so anziehend macht: Die Burg und die Schwesterngemeinschaft passen zusammen! Die Burg ist als Gebäude eine „Persönlichkeit" mit Ecken und Kanten, manchmal ist der Boden ein bisschen schief, und da und dort hat der Zahn der Zeit seine Spuren hinterlassen. Aber das gesamte Gebäude steht auf einem festen Fundament und trotzt so manchem Tagesgeschehen. So erlebe ich auch die Schwestern – gegründet in einem festen Fundament ihres Glaubens. Natürlich mit Ecken und Kanten, aber Persönlichkeiten. Und so wie die Schwestern immer wieder an ihrer Burg arbeiten (lassen), so arbeiten sie auch an sich selbst und an ihrer Gemeinschaft, um aktuell und auf dem letzten Stand zu bleiben.

Das spürt man, wenn man dort ist, auch wenn man es vielleicht nicht erklären kann. Aber ist es denn notwendig, die heilende Kraft einer Gemeinschaft oder eines Ortes unbedingt zu erklären? Mir jedenfalls tut dieser Ort gut – ganz konkret an ein paar Tagen im Jahr, wenn ich dort bin. Aber auch mitten im pastoralen Alltag, wenn ich

in Gedanken die kleine Straße entlangfahre, um die großen Pfützen
und Schlaglöcher einen Bogen mache und vor mir die alte Burg liegen
sehe – und weiß: Gleich werde ich an der Glocke ziehen, und es werden Schritte zu hören sein und ein Schlüssel dreht sich und ein Tor
geht auf.

P.S. Die beiden Teilnehmerinnen aus der Diözese Würzburg waren
tatsächlich während der Kar- und Ostertage in Dinklage, und unser
Teilnehmer hat sich seine Familienikone höchstpersönlich dort abgeholt und ist gleich das ganze Wochenende geblieben. Und der Freund,
der mit ihm mitfuhr, hat sich jetzt schon für den Herbst wieder angemeldet ...

Den Glauben teilen, im Glauben wachsen
Meine Geschichte mit einem Konvent

von Eva-Maria Streier

Karfreitag 2003 – im Klausurwald der Benediktinerinnenabtei Kloster Burg Dinklage geht eine Gruppe von Menschen schweigend den Kreuzweg. Schwestern und Gäste gemeinsam – es ist ein kühler, aber strahlend schöner Sonnentag, das frische Grün und die blühenden Buschwindröschen stehen in beinahe unwirklichem Gegensatz zur bitteren Realität, derer wir gedenken.

Vierzehn einfache Holzkreuze stehen im Wald, schon ein wenig mit Moos überzogen. An jeder Station sprechen zwei Schwestern je ein kurzes Bibelwort und ein deutendes Wort, daran schließt sich der Liedruf an: Dominus, Jesu Christe, Redemptor mundi, adoramus te.

In diesem Jahr gehe ich den Kreuzweg mit besonders schwerem Herzen – zwei Tage zuvor ist ein sehr guter Freund plötzlich gestorben, viel zu früh – noch kann es keiner richtig glauben. 4. Station: Jesus begegnet seiner Mutter:

So will ich denn aufstehen und durchstreifen die Stadt, will den suchen, den meine Seele liebt. Ich suchte ihn, doch fand ich ihn nicht… (Hld 3,2). „Jeder Abschied ist Vorausbild und Einübung in ein letztes, endgültiges Weggehen. Denn in jedem Abschied stirbt etwas in uns. Und doch: Seit Jesus Abschied genommen von seiner Mutter, ist Fortgehen nur noch Durchgang. Von hier an setzt Abschied kein unaufhebbares Ende mehr, sondern verwandelt sich zu „Vorübergehendem", zum Passah eines ewigen „Ich bin bei dir."

Dieses deutende Wort bekommt eine besondere Bedeutung, es setzt sich fest – Fortgehen ist nur noch Durchgang –, eine Spur von Trost stellt sich ein.

Wieder einmal kann und darf ich die Kar- und Ostertage im Kloster Burg Dinklage verbringen, zusammen mit den Schwestern und zwanzig anderen Gästen von nah und fern. 33 Benediktinerinnen leben hier im südlichen Oldenburger Land in monastischer Gemeinschaft in einer alten Wasserburg aus dem 14. Jahrhundert. Auf der Burg, seit Jahrhunderten im Besitz der Familie von Galen, wird 1878 Clemens August Graf von Galen, der spätere Bischof von Münster geboren. Wegen seiner Predigten gegen die Beseitigung so genannten lebensunwerten Lebens wird der spätere Kardinal auch der „Löwe von Münster" genannt. Noch heute erinnert das Zimmer „Kardinal" auf der Burg an den Grafen Clemens von Galen. 1918 erbt Christoph Bernhard Graf von Galen, ein Neffe des Kardinals, die Burg Dinklage. 1949 übergibt er sie einer Gründungsgruppe von Benediktinerinnen aus Alexanderdorf bei Berlin zum Eigentum.

Die alte Burg, umgeben von Wassergräben, am Rande des Dinklager Forsts gelegen, vermittelt unmittelbar ein Gefühl von Schutz und Geborgenheit. Wenn der Gast läutet und das Tor aufgeschlossen wird, findet er sich in einem großen Innenhof wieder. Rechts das frühere Herrenhaus, wo heute die Gemeinschaftsräume des Konvents und die Zimmer der Schwestern liegen, links der ehemalige Bedienstetentrakt, wo noch einige Gästezimmer sind, und die Verbindung zwischen beiden: die ehemalige Scheune, die 1961 zur Klosterkirche umgebaut wurde. Auch hier wurde alles, so weit wie möglich, belassen – die alten Balken, der Altar aus Steinen, die in der Gegend gefunden wurden, die Scheunentore wurden zu Kirchenfenstern.

So wie an diesem Karfreitag ist es mir bei meinen Aufenthalten in Dinklage wieder und wieder gegangen – eine Textstelle, manchmal nur ein Wort, aus der Liturgie, aus den Gebetszeiten, ragt plötzlich heraus, es ist, als ob es nur für mich gesagt sei und begleitet mich durch die nächste Zeit. Manchmal trostreich, manchmal widerständig, immer mit der jeweiligen persönlichen Situation verbunden.

Seit fast zwanzig Jahren bin ich nun häufiger Gast im Kloster, dabei war die Annäherung Mitte der achtziger Jahre eher vorsichtig. Freunde hatten mich zuerst mitgenommen nach Dinklage – Maria-Christine Zauzich, die 1985 als Journalistin nach Guatemala ging, feierte dort ihren Abschied von Familie und Freunden. Es dauerte, bis ich mir auch zutraute, allein ins Kloster zu gehen, noch länger, bis ich zum ersten Mal ohne Anlass über Nacht blieb.

Aber der Same war gelegt – es zog mich immer wieder und länger nach Dinklage, bald kamen die ersten Gespräche mit der Äbtissin, Maire Hickey OSB, die für mich geistliche Begleiterin und Freundin zugleich geworden ist.

Ich erinnere mich noch gut an einen eher beiläufigen Satz aus einem der frühen Gespräche, als sie in einer Mischung aus Aufforderung und dem Hinweis auf eine Chance sagte, ich solle die Gebetszeiten wahrnehmen, „das ist mit das Beste, was wir haben." Und so habe ich es immer wieder erfahren – die Gebetszeiten geben dem Tag eine Struktur, sie bringen alles Tun und Sein immer wieder vor Gott, sie sind für mich im Wechsel mit den anderen Zeiten des Tages wie Ein- und Ausatmen und damit zutiefst menschlich.

Die Laudes habe ich als Abendmensch fast nie geschafft, so beginnt für mich der Tag mit dem Gottesdienst um 7.30 Uhr, mittags um 12.00 Uhr findet die Sext statt, um 18.00 Uhr die Vesper und zu unterschiedlichen Zeiten am Abend die Komplet. Das Erstaunliche ist, dass trotz dieser vielen Stunden in der Kirche die verbleibende Zeit immer ausreichend ist – als ob auch sie an Intensität gewinnen würde. Die klare Struktur des Tages, das Hören der Psalmen und Gesänge, die gute Mischung von Alleinsein und Gemeinschaft, helfen mir jedes Mal und überraschend schnell, meine Mitte wiederzufinden, mich zu konzentrieren, freier und weiter zu werden.

Trotzdem – am Vorabend der ersten Einzelexerzitien fühlte ich mich wie ein Mensch, der im Begriff ist, vom 10-Meter-Turm zu springen und nicht weiß, was ihn erwartet. Angst, Unsicherheit, wie weit kann man sich selbst preisgeben – all diese Gefühle waren in einem wilden Durcheinander.

Die Woche wurde zu einer der kostbarsten überhaupt – ich lernte, in ganz neuer Weise mit Psalmen umzugehen, die mir seitdem zu wichtigen Begleitern geworden sind. Natürlich gab es auch schwere und harte Stunden in diesem Prozess, aber von Tag zu Tag fiel mehr ab von der Seele, veränderte sich die Perspektive, wurde ich freier und zuversichtlicher – am Ende regelrecht übermütig. Die aus solchen Zeiten erwachsende Kraft, auch die Zuversicht, getragen zu sein, wirken im Alltagsleben fort. Und wenn ich einmal gar nicht einschlafen kann, weil Stress, Sorgen, Ärger überhand nehmen, stelle ich mir das Ende der Komplet vor, wenn die Äbtissin mit dem Aspergil den Nachtsegen erteilt – meistens hilft es!

Nach dem Tode meiner Eltern – der Mutter 1995 und des Vaters 2001 – konnte ich einige Tage im Kloster verbringen, und beide Male fügte es sich, dass kurz nach meiner Ankunft eine der Schwestern starb. So durchlebte ich noch einmal Aufbahrung, Totenwache, Abschied, Requiem und Beisetzung in dieser Gemeinschaft – schmerzlich und tröstlich –, die Erfahrungen und Bilder schoben sich übereinander und mündeten in der Zuversicht, dass die Verstorbenen ihren Lebensweg in Gott vollendet haben. Solche tiefen Erlebnisse an Wendepunkten des eigenen Lebens vertiefen naturgemäß die Beziehung zu diesem Ort und dieser Schwesterngemeinschaft, die mir immer mehr zweite Heimat und Ankerpunkt wurde.

Im Sommer 1997 wurden die Dinklager Schwestern fast auf einen Schlag bundesweit bekannt. Am frühen Morgen des 19. Juli war Polizei vor der Martinsscheune vorgefahren, einem Haus für Menschen in Not auf dem Gelände des Klosters, um eine ukrainische Flüchtlingsfamilie abzuschieben. Familie Z. befand sich seit einigen Wochen in der Obhut der Schwestern und wartete auf den Bescheid auf ihren Asylantrag, bei dessen Ablehnung die Schwestern über die weltweiten Kontakte des Ordens die Weiterreise nach Kanada einleiten wollten.

Kurzerhand verlagerten die Schwestern die Laudes nach draußen, setzen sich vor die Polizeiwagen und beteten. Die Polizei griff nicht ein, die Abschiebung wurde ausgesetzt, Sergej Z. wurde zwar für einige Tage in Gewahrsam genommen, aber seine Frau und die kleine Tochter konnten auf dem Gelände des Klosters bleiben. Ein findiger Lokalreporter war früh vor Ort, seine Bilder und Berichte gingen in Windeseile über die Agenturen.

Ich war in der Nacht zuvor angekommen nach einer langen Anreise aus Süddeutschland, wollte nach einer schwierigen beruflichen Entscheidung ein paar Tage der Reflexion einlegen. Mittags rief mich die Äbtissin zu sich, die Anrufe aus den Medien, auch schon aus der Politik nahmen überhand. Es dauerte nicht lange, bis wir eine Art improvisiertes Pressebüro eingerichtet hatten, zwei Schwestern halfen mir, und ich konnte hier meine beruflichen Erfahrungen als Pressesprecherin der Deutschen Forschungsgemeinschaft, in der ich schon manche Krisensituation hatte bewältigen müssen, fruchtbar machen.

War es Kirchenasyl, hatten die Schwestern gegen geltende Rechtsvorschriften verstoßen … Viele Fragen – sehr bald auch aus der überregionalen Presse –, dazu im Zweistundentakt Fernsehteams auf dem Gelände des Klosters. Es waren dichte, ungemein spannende Tage, an denen schöne Zeichen der Solidarität gesetzt wurden: Da brachte etwa ein Bauer aus der Umgebung ein halbes Schwein vorbei, weil doch jetzt mehr Mäuler zu stopfen seien!

Dabei war die morgendliche Aktion für die Schwestern ganz unspektakulär gewesen – es sind doch unsere Brüder und Schwestern, hieß es immer wieder, und die Abschiebung sei unmenschlich. Die Aktion hatte Erfolg: Nach einem Besuch beim Staatssekretär in Hannover erhielt Familie Z. die Duldung. Sie lebt heute in Kanada.

Für mich waren gerade diese Tage ein besonders wichtiger Baustein in meiner eigenen Geschichte mit diesem Konvent – gemeinsam hatten wir etwas bewirkt. Ich war zum ersten Mal nicht nur die Empfangende, sondern konnte etwas zurückgeben – und war für eine Zeit Teil der Gemeinschaft.

Ende 1997 wurde der BurgKreis, Freundes- und Förderkreis der Abtei Burg Dinklage gegründet, dessen Vorsitzende ich seitdem bin. Das Logo, ein zur Innenseite hin offener Kreis, symbolisiert den Gedanken: ein Kreis von Menschen, auf die Burg hin orientiert, von einer gemeinsamen Idee umfangen, die Raum für Initiativen lässt.

Dieser Gedanke des Miteinanders von Ordensleuten und Laien, der gegenseitigen Bereicherung durch die je eigenen Gaben und Fertigkeiten, ist für mich zum Modell für christliche Gemeinschaft und lebendige Kirche geworden.

Im Juni 1999 feierte die Gemeinschaft ihr fünfzigjähriges Bestehen auf Kloster Burg Dinklage. Wir hatten uns zum Ziel gesetzt, von Seiten des BurgKreises einen Bildband über das Kloster zum Geburtstag vorzulegen. Eine neuerliche Etappe der Annäherung, des Versuchs, benediktinisches Leben auf Burg Dinklage in Bild und Wort zu bringen. Das Schwierigste war die Struktur: Klar war zunächst nur, dass es kein „schöner" Bildband über die alte Wasserburg und ihre Umgebung werden sollte. Der damaligen Priorin kam schließlich die zündende Idee: Orientiert an den wesentlichen Elementen der Burg wie dem Fundament, den tragenden Balken, den inneren Räumen, den Fenstern und Türen, den Brücken und dem Dach konnte die Burg beschrieben und zugleich der unsichtbare Gehalt des Klosters angedeutet werden.

„Mächtige Findlinge und Eichenpfähle, tief verankert im Wasser des Grabens, bilden das Fundament der alten Wasserburg Dinklage. Die Gemeinschaft der Benediktinerinnen, die seit 1949 diese Burg bewohnt, gründet ihr Leben auf Fundamente älter und tiefer als die aus Stein und Holz."

Eine Fotografin war bald gefunden. Über eine Zeitspanne von einem Jahr entstand der Band „Domus Dei. Haus Gottes – Haus des Lebens" (dialogverlag, Münster). Erneut eine beglückende Erfahrung von Gemeinschaft, diesmal von drei Frauen an verschiedenen Orten.

Unvergessen sind die Begegnungen, meist in Bonn, zur Auswahl der Bilder, schließlich zu zweit zum Texten. Die aus dem journalistischen Alltag geübte Praxis des Verfassens von Bildzeilen geriet unversehens zur geistlichen Übung. Benediktinische Spiritualität, das Prinzip von „ora et labora", die Gastfreundschaft, die „Stabilitas loci", das Gemeinschaftsleben, die Heiligung des Alltags – all dieses erschloss sich mehr und mehr beim Betrachten der Bilder.

Ich bin neugierig und gespannt, wie meine Geschichte mit dem Konvent in Dinklage weitergehen wird. Über die Jahre und sicher auch durch die spezifischen Erlebnisse sind Verbundenheit und Dankbarkeit gewachsen. Es gibt viel Kraft und Sicherheit zu wissen, dass es einen Ort gibt, wo ich sein darf, wie ich bin, wohin ich alles mitbringen kann, was mein Leben ausmacht und belastet, wo ich weiß, dass auch ich im Gebet mitgetragen werde.

Hier fühle ich mich als Teil einer Kirche, die sich durch Freiheit und Klarheit des Denkens auszeichnet, in der Tradition eines weltumspannenden Ordens. Jeder, der einmal in Dinklage die Fürbitten gehört und mitgebetet hat, spürt, wie sehr diese Gemeinschaft am

Weltgeschehen teilnimmt. Zugleich erlebe ich hier wohltuend die zugewandte, mütterliche und schwesterliche Seite unserer Kirche – fern von Machtstrukturen und ihren oft unheilvollen Auswirkungen.

Zurück zu den Kar- und Ostertagen dieses Jahres. Im Anschluss an den Gottesdienst sind alle Gäste ins Refektorium der Schwestern eingeladen, ein schweigendes, gemeinsames Mahl, eingeleitet von dem alten Liedruf: „Ubi caritas et amor, Deus ibi est." Die Äbtissin serviert, Musik begleitet die Mahlzeit. Nach der sich anschließenden Komplet bleibt die Kirche bis Mitternacht geöffnet – in der Mitte steht eine Christusstatue aus dem 15. Jahrhundert. Die kleine Holzplastik zeigt den Herrn im Übergang vom Leid zur Verklärung und erschließt allein beim Betrachten tiefe Geheimnisse des christlichen Glaubens.

Schließlich die Osternacht: Um 4.00 Uhr morgens wird das große Feuer im Innenhof entzündet, am Ende der gut dreistündigen Liturgie wird die Stelle aus der Schrift gelesen, in der es heißt, dass die Frauen zum Grabe kamen, als die Sonne schon aufgegangen war. Dann muss es auch in Dinklage schon Tag sein.

Schon traditionell ist der Tanz ums wieder entfachte Osterfeuer – auch hier ein großer Kreis von Schwestern und Gästen, die Gemeinschaft bilden und die Osterfreude teilen. Nach den strengen Tagen zuvor ist der Ostersonntag ein Hochfest nicht nur in der Liturgie. Blumen auf allen Tischen, Sonntagsgeschirr, Wein zum Mittagessen, gemeinsames Kaffeetrinken und Singen – fast nirgends kann man so schön feiern wie im Kloster.

Glauben leben und teilen – und darin wachsen. Vielleicht lässt sich meine Verbindung zu Kloster Burg Dinklage auf diese kurze Formel zurückführen.

Als mich die Stille rief
Von der Poesie der Psalmen und der Liturgie

von Kathleen Norris

*W*as mich persönlich betrifft, so habe ich festgestellt, dass das Mitglied einer Kirchengemeinde zu sein und auch das Befolgen der Disziplin der Benedikt-Regel geholfen haben, meinen Weg zu Gott zu machen, ohne in die Falle zu geraten, mich selbst als „eine Kirche aus einer Person" zu sehen. Ich habe auch festgestellt, dass die Benediktiner eine gute Illustration von Bubers Standpunkt sind. Obwohl ihre Mitglieder einen gemeinsamen Lebensweg gehen, produzieren die Klöster keine Mönche und Nonnen, die sich ähneln wie ausgestochene Keksformen. Ganz im Gegenteil. Klöster haben eine Einheitlichkeit, die von Uniformität bemerkenswert unbehindert ist. Sie bestehen aus deutlich verschiedenen Einzelpersonen, häufig beeindruckende Charaktertypen, deren Verschrobenheiten noch Generationen in der mündlichen Geschichte des Klosters weiterleben.

Als ich zum ersten Mal ein Kloster besuchen wollte, träumte ich eine Woche lang von dem Ort, und im deutlichsten Traum sah ich es als Chemielabor. Könnte man die Religion als ein Experiment in menschlicher Chemie ansehen? Und den Atem des Göttlichen als den Katalysator, der Reaktionen auslöst und unsere bescheidenen Einrichtungen so gut funktionieren lässt, oft trotz uns selbst? Imagination und Verstand, diese wesentlichen Elemente der menschlichen Intelligenz, sind erfahren darin, unsere Täuschungen niederzureißen. Beide konfrontieren uns mit unseren wahren Fähigkeiten und unseren Begrenzungen. Aber wir sind in unserer modernen Welt in eine seltsame Klemme geraten. Wir haben Angst bekommen vor der Vorstellungskraft (außer als einem irregeleiteten Begriff von „Kreativität", die nur wenigen gewährt wird) und sind doch immer weniger fähig, die Rationalität als eine andere Quelle unseres Menschseins, des *religiösen* Menschseins zu bewerten. Wir landen bei einem seltsamen Spektrum von populären Religionen, einem starren Fundamentalismus am einen Ende und am anderen bei der Jenseitigkeit des New Age, die sich in

„Workshops mit Engel-Channeling" manifestiert. Und sogar religiöse Einrichtungen – ich spreche hier von den christlichen Kirchen, weil ich die kenne – offenbaren sich häufig als alles andere als Christus' demütige Gemeinde auf Erden. Was bei all dem verloren geht, ist ein entwicklungsfähiger Sinn für das Heilige, der sowohl der Imagination als auch dem Verstand Raum zum Spielen gibt.

Können Dichter dabei von irgendeinem Nutzen sein? Ich bin davon überzeugt, obwohl ich mir über den Grund nicht sicher bin. Vielleicht kritzele ich nur herum. Aber der Sinn für das Heilige ist in der zeitgenössischen Dichtung sehr lebendig. Vielleicht weil Poesie wie Gebet ein Dialog mit dem Heiligen sind. Und Dichter sprechen von den Randzonen aus, jenen Zonen im Ökosystem, wo, wie jede Ökologie bestätigt, die meisten Lebensformen zu finden sind. Die Dichterin Maxine Kumin hat sich selbst beschrieben als „unverbesserliche Atheistin, die an das Geheimnis des Schöpfungsprozesses glaubt", während mein Mann, der zugleich ein lyrischer Dichter und ein Computerprogrammierer ist, erklärt, er sei „ein wissenschaftlicher Rationalist, der an Geister glaubt". Wenn, wie Gail Ramshaw gesagt hat, das Christentum metaphorisches Denken braucht, wenn, wie ein benediktinischer, beim Gottesdienst amtierender Geistlicher einmal zu mir sagte, der Verlust der Fähigkeit, metaphorisch zu denken, eines der größten Probleme des Gottesdienstes ist, sind es vielleicht die Stimmen der Dichter, auf die wir hören müssen.

Ich erfahre in letzter Zeit viele Geschichten über Menschen, die aus ihren religiösen Traditionen vertrieben wurden. Auch sie sprechen von den Randzonen aus. Viele Menschen gehören wie ich der kinderreichen Generation an, die nach der High-School oder dem College die kirchlichen Feste nicht mehr feierte und jetzt einen enormen Hunger nach spiritueller Erdung erlebt. Eine Frau schrieb mir, dass sie ein großes Sehnen nach Ritual und Gemeinschaft verspüre. Sie sagte, sie wolle das Jahr nicht nur danach einteilen, wie die Bäume sich veränderten. Sie war einer politischen Organisation und einem Frauenhilfsverein beigetreten und hatte festgestellt, dass dies nicht genügte. Sie hatte allein schon vor dem Gedanken, einer Kirche beizutreten, Angst – die Bibel macht sie häufig wütend –, doch sie vermutete, dass sie dies wohl tun müsse.

Es gibt keine Vorschriften, die sie befolgen könnte, sondern nur den verwirrenden Prozess des Lebens, der gelebt werden muss. Da sie ihr Seelenheil sucht und nicht Therapie oder politische oder gesellschaftliche Bedeutung, vermute ich, dass sie schließlich durch Gebet und gemeinsame Andacht finden wird, wonach sie sucht. Und wenn die Dinge so laufen, wie sie laufen sollten, wird alle notwendige Heilung, jede größere gesellschaftliche Dimension, an die sie sich wenden muss, organisch aus jenen Erfahrungen erwachsen, aus jener Gemeinschaft. Aber wie kommt sie von hier nach dort?

Vielleicht ist sie näher dran, als sie ahnt. Der anglikanische Bischof John V. Taylor hat gesagt: „Vorstellungskraft und Glaube sind das gleiche. Sie geben unseren Hoffnungen Substanz und dem Unsichtbaren Wirklichkeit. Die ganze Bibel unterschreibt das, und wenn Gläubige über den Glauben in diesen Begriffen sprächen, würden sie besser verstanden." Im Buch Deuteronomium wird das Gebot Gottes nicht als unzugängliches Geheimnis enthüllt, sondern es heißt: „... das Wort ist ganz nah bei dir, es ist in deinem Mund und in deinem Herzen, du kannst es halten" (Dtn 30,14). Und im Evangelium nach Lukas sagt Jesus: „Das Reich Gottes kommt nicht so, dass man es an äußeren Zeichen erkennen könnte. Man kann auch nicht sagen: 'Seht, hier ist es!', oder: 'Dort ist es!' Denn: Das Reich Gottes ist (schon) mitten unter euch" (Lk 17,20-21).

Inspiriert von unserem Verstand und unserem Talent für die negative Fähigkeit, könnte der Glaube uns bei der Erkenntnis helfen, dass unsere wertvollsten Erfahrungen uns „immer mit einem unerklärlichen Rest" zurücklassen, wie der Bildhauer und Kritiker Edward Robinson es formuliert hat, „... 2 und 2 sind 5 Erfahrungen". Und das erinnert uns daran, dass unsere zwischenmenschlichen Beziehungen und die Welt geheimnisvoller sind, als wir zugeben wollen. In dem Universum, das Gott schuf, der realen Welt, die wir unser Zuhause nennen, ist die Liebe größer als Texas, und sogar als der Tod selbst, und 2 und 2 kann 0 sein, 11 oder sogar 4 ...

Das Paradox der Psalmen

Nach der High-School war ich mehr als zwanzig Jahre nicht zur Kirche gegangen und entdeckte die Psalmen zufällig durch meine unerwartete Begeisterung für die benediktinische Liturgie, deren Hauptbestandteil sie sind. Eine benediktinische Gemeinschaft rezitiert oder singt Psalmen beim Morgen-, Mittags- und Abendgebet. Alle drei oder vier Wochen geht sie alle Psalter durch. Als ich begann, in die monastische Liturgie einzutauchen, entdeckte ich, dass ich auch in die Poesie eintauchte, und war dankbar, festzustellen, dass die poetische Natur der Psalmen, ihr ständiges Hin und Her zwischen dem Weltlichen und dem Erhabenen, bedeutet, dass, wie der britische Benediktiner Sebastian Moore gesagt hat, „Gott sich in den Psalmen auf eine Art verhält, die ihm in der systematischen Theologie nicht gestattet ist". Die Bilder der Psalmen seien „durch irdische Erfahrungen grob zurechtgehauen und vom formalen Gebet absolut verschieden".

Während meiner beiden neunmonatigen Aufenthalte in der Gemeinschaft von St. John's entdeckte ich auch, dass das benediktinische Gebet, während es täglich weitergeht wie die Ehe oder Geschirr spülen, die Tendenz hat, alle Sorgen bezüglich systematischer Theologie und Kirchendoktrin hinwegzufegen. Das alles ist zwar da als eine Art Gerüst, doch die Psalmen verlangen Einsatz, sie fordern, dass man sie mit dem ganzen Selbst liest und betet, wie der heilige Benedikt sagt: „Auf solche Weise, dass unser Geist mit unserer Stimme in Einklang ist." Die Psalmen auf diese Weise zu erfahren, ermöglichte es mir allmählich, jenen Gott meiner Kindheit loszulassen, der für formales Gebet wie auch für den Glauben einen unmöglichen Standard festgelegt und mich überzeugt hatte, Religion sei es nicht wert, erkundet zu werden, weil ich „es nicht richtig machen" konnte.

Ich lernte, dass es keine Möglichkeit gibt, es „richtig zu machen", wenn man mehrmals am Tag, und das täglich, zur Kirche geht. Man kann nicht mehr gerade sitzen, geschweige denn heilige Gedanken haben. Man trägt nicht sein bestes Kleid, sondern irgend etwas, das nicht im Korb für Schmutzwäsche liegt. Man kommt zum großartigen Buch der Psalmen der Bibel in jeder Gemütsverfassung und in jedem Zustand, und auch wenn man sich schrecklich elend fühlt – man singt trotzdem. Zu seiner Überraschung entdeckt man, dass die Psalmen einem die wahren Gefühle nicht verwehren, sondern erlauben, dass man über sie nachdenkt, direkt vor Gott und allen anderen. Während meines ersten Aufenthaltes in St. John's entdeckte ich bald, dass dies mit täglicher Regelmäßigkeit nicht zu schaffen ist. Vorher war ich immer nur für eine Woche oder kürzer in einem Kloster zu Gast gewesen, und die Erfahrung war oft sehr erhebend gewesen. Aber jetzt war ich die Beute von neun Monaten und musste schwer mit mir kämpfen, um in den Chor zu gehen, wenn ich mich nicht danach fühlte, vor allem, wenn ich deprimiert war (dann hatte ich es natürlich am nötigsten, hinzugehen). Es tröstete mich sehr zu wissen, dass alle dort diesen Kampf durchgemacht hatten und manche von ihnen nun mit der Absurdität, der Monotonie rangen, die Psalmen Tag um Tag zu wiederholen.

Ich stellte fest, dass die Poesie der Psalmen, auch wenn es eine Weile dauerte – einige Gebetsdienste schlief ich praktisch durch, an anderen schien ich vom Planeten Mars aus teilzunehmen –, durchbrach und mich berührte. Mir wurden die drei Paradoxe in den Psalmen klar: Bei ihnen „verklingt Schmerz im Lobpreisen", aber auf eine Weise, die ihm voll Rechnung trägt; obwohl die Psalmen von allen Büchern der Bibel am direktesten zu dem Einzelnen sprechen, können sie nicht aus einem gemeinschaftlichen Zusammenhang gelöst werden; und die Psalmen sind ganzheitlich, weil sie darauf beharren, dass das Weltliche und das Heilige unlösbar miteinander verbunden sind. Die benediktinische Methode, die Psalmen zu lesen, mit langem Schweigen zwischen ihnen, ohne Kommentar oder Erklärung, nützt diese Paradoxe und lässt fast alarmierend viel Raum für Interpretation und Reaktion. Sie ermöglicht den Psalmen, ihre volle poetische Kraft zu entfalten, den Gebrauch von Bildern und Übertreibung („Wach auf, meine Seele! Wacht auf, Harfe und Saitenspiel! Ich will das Morgenrot wecken." Ps 57,9), von Wiederholungen und Widerspruch, als Werkzeuge des Wortspiels wie auch des Spiels mit menschlichen Emotionen. Trotz all ihrer Disziplin ermöglichten es mir die Benediktiner, mich zu entspannen und wieder in der Kirche zu singen; sie erlaubten mir, wie eine ältere Schwester, eine Witwe mit zehn Kindern, es ausdrückte, „mich von den Worten der Psalmen überschwemmen

zu lassen und die Freude zu erleben, einfach mit Worten zusammenzusein." Als Dichterin bin ich gern mit Worten zusammen. Es war
eine Offenbarung für mich, dass dies Gebet sein konnte, dass dies genug sein konnte.

Doch dem modernen Leser können die Psalmen unzugänglich erscheinen: Wie in aller Welt können wir diese zornigen und oft ge-
walttätigen Gedichte aus einer alten Kriegerkultur lesen, geschweige
denn beten? Auf einen Blick erscheinen sie als überwältigend patriar-
chalisch, mürrisch, moralistisch, rachsüchtig und machen oft den Eindruck, als spiegelten sie genau das wider, was mit unserer Welt nicht
stimmt. Und das ist der entscheidende Punkt, jedenfalls zum Teil.
Wenn man die Psalmen täglich liest, wird klar, dass die Welt, die sie
beschreiben, von der unseren eigentlich nicht so verschieden ist. Der
Mönch Athanasius schrieb im vierten Jahrhundert, dass die Psalmen
„zum Spiegel werden für die Person, die sie singt", und dies ist heute
noch so wahr wie damals, als er es schrieb. Die Psalmen erinnern uns
daran, dass die Art, wie wir einander beurteilen, mit harten Worten
und rachsüchtigen Taten, ein Unrecht ist, und sie erinnern uns, dass
es die Machtlosen in der Gesellschaft sind, die überrannt werden,
wenn Ungerechtigkeit institutionalisiert wird. Wie viele Psalmen be-
klagt Psalm 35 Gottes Abwesenheit in unserer ungerechten Welt und
schreit auf: „Herr, wie lange noch wirst du das ansehen?" (V. 17). Ich
empfinde es als seltsam tröstlich, wenn ich entdecke, dass das Ende
von Psalm 42 heute noch so gilt wie damals vor Tausenden von Jahren, als es geschrieben wurde: „Du, Herr, wirst uns vor diesen Leuten
für immer erretten ... auch wenn unter den Menschen die Gemein-
heit groß wird" (V. 8.9).

Das tägliche Beten der Psalmen hilft monastischen Menschen, mit
ihnen auf eine ausgeglichene und realistische Weise zu leben und
ihre Übertreibungen zu würdigen, ohne sie als Vorschriften anzusehen. Benediktinern werden die Psalmen so vertraut, dass sie „wie ein
Herzschlag" werden. Mehr als eine Schwester hat mir das erzählt.
Die Psalmen werden tatsächlich zu einem Teil des benediktinischen
körperlichen und auch geistigen Lebens und wirken auf das Herz ein,
so dass es langsamer schlägt. Ich stellte dies fest, als ich häufig, den

Kopf noch voll Gedanken an die unterbrochene Arbeit, zum Mittagsgebet erschien. Wenn ich dann begann, einen Psalm zu rezitieren wie 62, der mit den Worten anfängt: „Bei Gott allein kommt meine Seele zur Ruhe", dann kam ich mir vor, als machte ich eine Schleuderbremsung. Wie viele Psalmen klagt er über menschliche Falschheit: „Sie segnen mit ihrem Mund, doch in ihrem Herzen fluchen sie" (V. 5). Aber die nächste Zeile: „Bei Gott allein kommt meine Seele zur Ruhe", ist nicht nur eine wohltuende, poetische Wiederholung, sondern ein Wechsel von Schmerz zu Hoffnung, eine Erweiterung des Horizontes, die nicht nur vernünftig, sondern auch tröstlich ist.

Aber täglich den Psalmen ausgesetzt zu sein, kann einen auch gegen sie abstumpfen. Man liest die erstaunlichste Poesie („Durch das Wort des Herrn wurden die Himmel geschaffen, ihr ganzes Heer durch den Hauch seines Mundes." Ps 33,6), ohne sich wirklich bewusst zu sein, was man gelesen hat. Oft geschieht aber auch, dass die Heiligkeit sich mit Nachdruck behauptet, so dass sogar vertraute Psalmen plötzlich die Gleichnisse im eigenen Leben mit neuer Bedeutung erfüllen. Wie mir eine Schwester erzählte, betete sie die Psalmen am Bett ihrer sterbenden Mutter, die im Koma lag, und sie entdeckte, „wie genau die Psalmen mein eigenes inneres Chaos widerspiegelten: meine Angst, sie zu verlieren, meine Angst, sie nicht zu verlieren und sie dann noch mehr leiden zu sehen, meine Angst vor dem Abschied, meine Angst, ohne Mutter zu sein." Sie erkannte, dass die Schlusszeilen von Psalm 16, „Du zeigst mir den Pfad zum Leben. Vor deinem Angesicht herrscht Freude in Fülle", sie trösteten, „während ich sah, wie meine Mutter verlöschte. Ich konnte ihr Leben Gott übergeben."

Eine solche Verinnerlichung der Psalmen ermöglicht es den Benediktinern von heute, eine persönliche Bedeutung in dieser alten Poesie zu finden. Paradoxerweise befreit das auch von der Tyrannei der individuellen Erfahrung. Durch Sprechen oder Singen der Psalmen innerhalb einer Gemeinschaft gewinnt man die Religion als eine orale Tradition zurück. Man gibt dem Mund die Worte wieder, die von der Zunge gerissen und auf die Seite verbannt wurden, Worte, die privatisiert und wirksam zum Schweigen gebracht worden waren. Es kontert unsere Neigung, die individuelle Erfahrung als ausreichend anzusehen, um eine Weltsicht zu formulieren.

Die Liturgie, mit der die Benediktiner seit mehr als fünfzehnhundert Jahren experimentiert haben, lehrte mich den Wert der Tradition. Ich erkannte, dass die Psalmen zum Teil heilig sind, weil sie so viel benützt wurden. Wenn so viele Generationen dort Trost gefunden hatten, warum dann nicht auch ich? Die Heiligkeit der Psalmen schien mir der eines Steins ähnlich zu sein, der in der Hand zahlloser Vorfahren gelegen hatte und den Unterschied zwischen dem illustrierte, was der Dichter Galway Kinnell als das „nur Persönliche" oder „Individuelle" bezeichnet hat, und dem „wirklich Persönlichen", das individuelle Erfahrung ist, zurückgestrahlt auf Gemeinschaft und Tradition. Den gleichen Unterschied macht die große Kennerin des Mystizismus Evelyn Underhill, wenn sie vom Gebet spricht. Sie sagt: „Hingabe an sich hat wenig Wert... und kann sogar eine Art des Sichgehenlassens sein", wenn sie nicht von einer Umwandlung des Persönlichen begleitet wird. „Das spirituelle Leben des Einzelnen", schreibt sie, „muss ausgedehnt werden, vertikal bis zu Gott und horizontal bis zu anderen Seelen. Und je mehr es in beide Richtungen wächst, desto weniger individuell ist es und desto wahrhaftig persönlicher wird es."

Die Gelehrten von heute betrachten die Psalmen als liturgische Gedichte, die im alten Israel bei der gemeinschaftlichen Andacht verwendet wurden. Sogar individuelle Klagen wie Psalm 51 sollen in den Rahmen einer öffentlichen Andacht eingebettet gewesen sein. Doch das Beten der Psalmen ist für Zeitgenossen, die dem benediktinischen Leben begegnen, häufig verwirrend: In einer Kultur aufgewachsen, die die individuelle Erfahrung anbetet, fällt es ihnen schwer, eine Klage zu rezitieren, wenn sie in guter Laune sind, oder eine Lobeshymne zu singen, wenn sie Schmerzen haben.

Das gemeinschaftliche Rezitieren eines Psalms wirkt dieser Form von Narzissmus entgegen, der Tendenz, dass alles selbst entdeckt werden muss. Wie man bald herausfindet, ist eine Stärke des mönchischen Chors, dass immer einer darunter bereit zum Klagen ist, über ein Leben mit Tagen, an denen man „arm und gebeugt" ist (Ps 70,6), oder ein anderer vor Freude laut jauchzen möchte, damit „in die Hände klatschen sollen die Ströme" (Ps 98,9). „Obgleich wir", wie eine Schwester sagt, „so verschieden sind, dass ich manchmal denke, wir leben in verschiedenen Universen, holt uns die Liturgie zurück zu dem, was im Herzen ist. Und die Psalmen unterweisen immer das Herz." Das ist keine leicht zu verwirklichende Bemerkung. Das Gelübde des klösterlichen Lebenswandels, das nur die Benediktiner haben, bedeutet, dass man sich darauf festlegt, von den Worten der Psalmen verändert zu werden und ihnen erlaubt, auf einen in großem Maß einzuwirken und einen manchmal auch fertig zu machen.

Ein Fluchpsalm wie 52: „Du liebst ... Lüge mehr als wahrhaftige Rede. Du liebst lauter verderbliche Worte" (V. 5-6) kann Selbstbeschuldigungen auslösen, den Wunsch, für jemanden zu beten, der verärgert über uns ist, und auch darüber aussagen, wie berechtigt der andere ist, solch eine Anschuldigung zu erheben. Psalm 22, der sich dramatisch vom Schmerz („Mein Gott, mein Gott, warum hast du mich verlassen." V. 2) zur prophetischen Lobpreisung bewegt („Alle Enden der Erde sollen daran denken und werden umkehren zum Herrn." V. 28), kann für den Verstand eine Herausforderung sein. Was, wenn niemand da ist, der das Gebet hört? Was, wenn man einfach zu erschöpft und verzweifelt ist, um es zu beten? Hierin liegt das Geschenk des gemeinschaftlichen Gottesdienstes. „In wirklich schlimmen Zeiten", sagt eine Schwester, „wenn ich nichts mehr tun kann außer atmen, ist es immer noch wichtig für mich, in den Chor zu gehen. Ich habe das Gefühl, als würden die anderen meinen Glauben für mich bewahren und mich weitererziehen."

Wenn wir „uns gut fühlen wollen" (das habe ich schon ernsthaft als Grund für die Andacht nennen hören), wenn wir uns die Mühe gemacht haben, „ein gutes Leben zu haben", ein Ausdruck, der andeutet, dass das Leben selbst ein Gebrauchsgegenstand ist, wie können wir da mit dem Psalmisten sagen: „Ich bin arm und gebeugt" (Ps 40,18) oder „Meine Lebenszeit ist vor dir wie ein Nichts" (Ps 39,6)? Wie können wir dann Psalm 137 lesen, einen der beunruhigendsten und einen der schönsten Psalmen? Es ist das letzte Lied über die Babylonische Gefangenschaft, über das Exil, und beginnt mit: „An den Strömen von Babel, da saßen wir und weinten, wenn wir an Zion dachten."

In Worten, die die Erbitterung von kolonisierten Völkern überall auf der Erde ausdrücken, fährt der Psalmist fort: „Dort verlangten von uns die Zwingherren Lieder, unsere Peiniger forderten Jubel: 'Singet uns Lieder vom Zion!' Wie können wir singen die Lieder des Herrn, fern, auf fremder Erde?" (V. 3–4).

Diese Zeilen haben eine besondere Schmerzlichkeit für Frauen: Nur zu oft stellen wir fest – aus Gründen des Geschlechts wie auch der Armut oder der Rasse –, dass unsere Reise vom Mädchen zur Frau eine Verbannung „auf fremde Erde" ist. Und wie lesen Feministinnen einen solchen Psalm, die häufig meinen, wir würden gebeten, mitten in einem drückenden Patriarchat zu singen, gebeten, uns hübsch anzuziehen und nett zu sein? Vielleicht denken wir, wie radikale Feministinnen, dass schon die Sprache, die wir sprechen, die Sprache des Unterdrückers ist. Wie sollen wir dann singen?

Wenn der Psalm keine Antwort gibt, so ermöglicht er doch, bei dieser Frage zu verweilen. Und da man diesem Psalm immer wieder in der benediktinischen Liturgie begegnet, verlangt er von uns zuzugeben, dass entwurzelt und zur Knechtschaft gezwungen zu werden eine Erfahrung ist, die auch unsere „zivilisierte" Welt kennt. Der Sprecher könnte ein Flüchtling oder Verbannter von heute sein, ein illegal eingewanderter Fremder, der in einem amerikanischen Ausbeuterbetrieb für viel weniger als den Mindestlohn arbeitet, ein Sklavenarbeiter in China. Wenn man den Psalm im Hinblick darauf liest, ist der Schlussvers keine Überraschung, der ein Bild von unsäglicher Gewalttätigkeit gegen die babylonischen Herren Israels enthält: „Tochter Babel, du Zerstörerin! Wohl dem, der dir heimzahlt, was du uns getan hast! Wohl dem, der deine Kinder packt und sie am Felsen zerschmettert!" (V. 8–9).

Diese Zeilen sind die Frucht menschlicher Grausamkeit. Sie lassen uns die Tiefe des Schadens wissen, den wir anrichten, wenn wir andere Völker versklaven, wenn wir ungeniert die Billigprodukte billiger Arbeitskräfte verbrauchen. Aber was bedeutet es, ein solches Bild in einem Gebetbuch, einem Buch der Lobeshymnen zu finden? Die Psalmen sind erbarmungslos in ihrem Realismus bezüglich der menschlichen Psyche. Sie verlangen von uns, unsere wahre Situation zu erkennen und darüber zu beten. Sie fordern uns auf, ehrlich mit uns zu sein und zuzugeben, dass auch wir die Fähigkeit zur Rache in uns haben. Dieser Psalm wirkt als Lehrstück: Wenn ein solches Verlangen unkontrolliert bleibt, ob verborgen unter Nettigkeit oder gewalttätig abreagiert, kann es zu einer solchen verzehrenden Bitterkeit führen, dass selbst die Unschuldigen davon nicht verschont bleiben. Was die Psalmen uns anbieten, ist die Möglichkeit zur Umwandlung, eine potentiell tödliche Kraft wie Rache in etwas Besseres umzuformen. Wenn man beginnt, sich auf die Psalmen tiefer einzulassen – und die Benediktiner beharren darauf, dass das tägliche gemeinschaftliche Gebet ein guter Ort ist, um damit anzufangen –, kann es einem plötzlich so erscheinen, als würden die Psalmen *uns* lesen und schreiben …

Als ich bei den Benediktinern war, habe ich mich beim Morgen-, Mittags- und Abendgebet nie besonders herrlich gefühlt, doch ich begann zu spüren, dass zwischen mir und der Welt der Psalmen ein Rhythmus von Zuhören und Reaktion entstand. Ich hatte das Gefühl, als würde ich Teil eines lebendigen, gelebten Gedichts, einer Beziehung zu Gott, die das Heilige nicht nur in gewöhnlichen Worten, sondern auch in den weltlichen Ereignissen des Lebens – guten und schlechten – enthüllte. Während ich in Rätsel eingetaucht wurde, die über mein Begriffsvermögen gingen – der Gott, den der Psalmist ermahnt hat zu sprechen („O Gott, bleib nicht still!" Ps 83,2), spricht plötzlich mit der Stimme des *mysterium tremendum* („Ich habe dich gezeugt noch vor dem Morgenstern." Ps 110,3) –, erkannte ich die Wahrheit dessen, was eine Schwester einmal zu mir sagte. Sie verglich die benediktinische Liturgie mit Sich-Verlieben, „denn man geht diese Bindung nicht in voller Kenntnis ihrer Tiefen ein. Es ist eine Beziehung, mit der man lebt, bis man sie versteht."

Die Höhen und Tiefen der Lobpreisung, zu denen wir in den Psalmen gedrängt werden („Alles, was atmet, lobe den Herrn!" Ps 150,6), können unseren Sinn für das Staunen schärfen und unsere Fähigkeit wecken, die Herrlichkeiten dieser Welt zu erkennen. Eine Benediktinerin erzählte mir einmal, wie sie und eine andere Schwester die Erlaubnis der Oberin bekamen – in der Zeit vor dem Zweiten Vatikanischen Konzil –, Armeeparkas und Hosen der Pistenkontrolleure anzuziehen und mit Skiern loszufahren. Es war früh im Frühling. Sie kamen zu einem waldbestandenen Hügel und versanken plötzlich bis zur Taille im Schnee. Zu ihren Füßen entdeckten sie eine Stelle mit Herbstzeitlosen. „Im Herbst war früh Schnee gefallen", erzählte sie, „und die Pflanzen waren immer noch smaragdgrün, die Blütenknospen mit Eis umgeben. Für mich war das 'Honig aus dem Felsen' (Ps 81,17). Ich fand Leben, wo ich es am wenigsten erwartet hatte."

Manchmal wird Menschen, die in die Poesie der Psalmen eingebettet sind wie die Benediktiner, eine Erfahrung gewährt, die wie ein Gedicht ist, bei dem vertraute Worte, die wie alte Freunde geworden sind, plötzlich ihr Vermögen enthüllen, die tierische und menschliche Welt zu überbrücken, die Lebenden und die Toten zu verbinden. Wie viele Psalmen bewegt sich auch Psalm 42 stoß- und ruckweise, wie unsere Emotionen: „Meine Seele, warum bist du betrübt und bist so unruhig in mir? Harre auf Gott; denn ich werde ihm noch danken, meinem Gott und Retter, auf den ich schaue" (V. 6). Aber sein wahres Thema ist das Verlangen nach dem Heiligen, das, gleichgültig in welcher Form, ein Teil des menschlichen Zustandes zu sein scheint, eine Sehnsucht, die im Gedränge des Alltags, wo verzweifeltes Stöhnen vorherrschen kann, leicht vergessen wird …

Gute Liturgie kann wie ein Bild wirken, ein Fenster zu einer Welt, in der unsere Vorstellungen von Raum, Zeit und sogar Stein auf angenehme Weise aus der Form geraten. Gute Liturgie ist ein lebendiges Gedicht, und die Zeremonie ist der Schlüssel dazu …

Gute Zeremonien schaffen Raum für alle Dimensionen der menschlichen Erfahrung, sie lassen hoffen, dass wir gemeinsam etwas entdecken, das uns umwandelt. Dies ist der Grund, warum ich vermute, dass Einzelpersonen keine echte Zeremonie nur für sich allein machen können. Eine Zeremonie verlangt, dass wir mit anderen im demütigen Geben und Nehmen der gemeinschaftlichen Existenz wirken.

Ordensleute bemühen sich, alle weltlichen Teile ihres Lebens mit Zeremonie zu durchsetzen: wie man isst, wie man sich kleidet, wie man Werkzeuge behandelt oder eine Kirche betritt, wird nicht einer Laune überlassen. Das Zeremonielle gehört so sehr zu den Benediktinern, dass es vielen von ihnen zur zweiten Natur geworden ist. Das Mönchsleben hat mit dem Künstlerleben folgendes gemeinsam: Beides sind Versuche, auf Gegenstände, Ereignisse und Naturphänomene genau zu achten, die sonst im alltäglichen Trott untergehen würden. Eines der Dinge, die ich an Ordensleuten besonders schätze, ist der Respekt, den sie den heiligen Stunden von Sonnenaufgang und Sonnenuntergang erweisen. Heutzutage, da der Kampf der Geschlechter die Nachrichten füllt, finde ich, dass es fast ans Wunderbare grenzt, mit einer Gruppe von Menschen zusammenzusein, die zum Tagesende singt: „Der Tag ist vorbei, aber die Liebe wohnt unfehlbar hier." Die Tatsache, dass Ordensleute, Mönche und Nonnen, seit siebzehnhundert Jahren solche liebenswürdigen Hymnen bei der Dämmerung singen, lehrt mich, dass Zeremonien und Tradition, Dinge, denen ich dank meiner Erziehung größtenteils als nebensächlich misstraue, Nahrung für die Seele sein können.

Die Zeremonie zwingt den Menschen, langsamer zu machen, und da viele von uns in einem wahnsinnigen Tempo leben, kann einem die Begegnung mit dem Gebet der Mönche oder einer traditionellen klösterlichen Mahlzeit – man isst schweigend, während ein Text aus der Heiligen Schrift oder einem religiösen Buch vorgelesen wird –, erscheinen, als wäre die Notbremse gezogen worden. Mein neunmonatiges Eintauchen in den langsamen, stetigen Rhythmus des monastischen Lebens war eine Art Schwangerschaft. Doch jetzt, da ich „in die Welt zurückgekehrt" bin, jetzt, da mein Mann und ich aus Minnesota nach Hause gekommen sind, bin ich nicht sicher, was ich gebären werde. Hin und wieder habe ich Heimweh nach einem Ort, der mir nicht gehört, Heimweh nach zweihundert Mönchen und ihrer Liturgie. Die meisten Menschen sind so vernünftig und bringen sich nicht in eine solch unangenehme Lage. Was Zeremonie und Gemeinschaft anbetrifft – was mache ich da?

Mein Instinkt ist, möglichst viel aus dem Kloster beizubehalten. Jetzt ehre ich den heraufziehenden Tag mit einem langen Spaziergang, statt in die Kirche zu gehen, doch das ist kein großer Unterschied, wenn ich ihn auf das Gebet ausrichten kann. Ich halte einige benediktinische Praktiken aufrecht, so gut ich kann: Ich lese täglich die Psalmen, singe Hymnen und mache die *lectio,* das meditative Lesen der Heiligen Schrift. Sonst würde, glaube ich, meine Welt schal werden. Und manchmal passiert das allerdings auch: Manchmal schotte ich mich ab, sowohl vor der Schönheit als auch vor dem Schmerz,

und leide an dem, was die Welt „Depression" nennt, doch die alten
Mönche würden es als Lustlosigkeit bezeichnen, als Acedia. Dürre-
perioden, in denen ich mich hinhocken und auf Regen warten muss,
auf Hoffnung.

Ich halte die Verbindung zu meinen Mönchsfreunden in St. John's
aufrecht und zu anderen, kleineren Gemeinschaften in den Dakotas,
die ich häufig besuche. Aber vor allem bemühe ich mich, mir klar-
zumachen, wo ich bin: in einer kleinen Stadt auf den Great Plains, die
vielleicht in fünfzig Jahren nicht mehr da ist. Doch selbst in diesem
kleinen, im Vergleich zur restlichen Welt unbedeutenden Flecken von
1600 Seelen haben die Menschen ein großes Bedürfnis zu erzählen.
Im letzten Jahr habe ich zurückgezogener gelebt, aber wenn ich mit
Menschen zusammen bin, bemühe ich mich, ihnen zuzuhören. Alice,
zum Beispiel. Als die presbyterianische Kirche kürzlich den Sonntags-
gottesdienst im Park abhielt – der Pfarrer teilte mit der Country-Mu-
sic-Band einen offenen Laster –, standen Alice und ich etwas abseits.
Sie ist vom Land, die Frau eines kranken Rauchers, und ich hatte sie
vermisst, als ich verreist war. Ihr einziges Kind, ein junger Mann von
fünfunddreißig, war im Jahr zuvor plötzlich gestorben. Sie stand da,
wiegte sich zur Musik, während die elektrische Gitarre sich durch
„Was für einen Freund haben wir in Jesus" jaulte, und sagte: „Ich habe
drei Jahre lang nicht getanzt." „Nun, dann wird es Zeit, Alice", sagte
ich. Und so tanzten wir.

Diesseits der Stille
Eine Woche inmitten von Christen und Zweiflern

von Sabine Laerum

Die Ankunft in Taizé ist ernüchternd. Zuerst gehen Klischees zum Teufel. Ich sehe keine Mauern, keine Zinnen, keine Türmchen, keine besinnlich wandelnden Mönche. Stattdessen verströmt der Eingang des Klosters den Charme einer Autobahnraststätte. Schlichte Holzbaracken, lazarettartige Zelte, ein langgestrecktes Steinhaus, paar Bäume, bisschen Wiese, rotbraune Kieswege zwischen Asphalt. Die Idylle, die dahinter liegt, erahne ich nicht – eine Quelle, ein kleiner Wasserfall, ein See, Kornfelder, die Kirche.

Um mich schwirren Klangfetzen vieler Sprachen – mit mir sind zweitausendfünfhundert Menschen aus fünfzig Ländern hier; fünftausend haben Platz. Mein Bett ist eines von vier Stockbetten, der Raum ist schmal und dunkel, es gibt weder Schrank noch Regal. Zu Waschbecken, Toilette und Dusche gehe ich in eine Baracke, an deren Wänden sich Schimmel hochfrisst, das Zimmer teile ich mit drei Frauen. Sie bleiben namenlos, haben sich entschieden, eine Woche zu schweigen.

Nachts schnarchen sie, ich stopfe Ohropax in die Ohren und wünsche mich in die gewohnte Geborgenheit meiner Wohnung. Bang wird mir bei dem Gedanken, es könnte die ganze Woche so laut zugehen. Ich zweifle an der Richtigkeit des Rates meiner Freunde, ausgerechnet in diesem internationalen Schmelztiegel Kraft zu finden.

Mit den Menschen eint mich nichts als das Ritual des Glaubens: Dreimal am Tag rufen die Glocken zum Gottesdienst. Eine Woche, einundzwanzig Gottesdienste. Morgens, halb neun. Mittags, halb eins. Abends, halb neun. Wenn wir zur Kirche laufen, bin ich Teil eines murmelnden Stroms von Jugendlichen, Familien und Greisen; von Christen und Zweiflern.

Das Licht in der Kirche ist schummrig. Die Sommerhitze mischt sich mit der Körperwärme der Menschen, die Klimaanlage schuftet. Am Altar brennen etwa hundert Kerzen in tönernen Gefässen, ein schlichtes Eisenkreuz steht vor seidigen orangefarbenen Tüchern, die wie Segel in den acht Meter hohen Raum gespannt sind.

Eng an eng hocke ich zwischen Fremden auf dem Fußboden, der braunorange Nadelfilzteppich kratzt. Kirchenbänke gibt es nicht. Manche haben kleine Holzschemel, Decken oder Kissen; kauern, knien oder liegen. Mit einer Buchsbaumhecke ist in der Kirchenmitte ein Areal abgesteckt, darin sitzen auf schlichten Holzstühlen um die achtzig katholische und evangelische Mönche. Ihre Roben tragen sie nur im Gebet, draußen auf dem Klostergelände haben sie schlichte Hosen und Hemden an und heben sich von den Gästen nur durch die Abwesenheit von Knitterfalten in ihrer Wäsche ab.

Die Wärme, das Licht, die Kutten – es könnte behaglich sein, aber ich fühle mich, als sei ich ungeladen in eine intime Gesellschaft geplatzt. Zu Hause gehe ich nicht mal Sonntags in die Kirche, ich bin weltlich, ich schlafe lieber aus.

Um mich ist Tuscheln, Husten, Räuspern, das Schubbern von Stoff an Stoff, wenn Hosenbeine aneinander reiben. Auch ich kann kaum stillhalten, ich komme in Taizé an wie nach einer langen Fahrt auf der Autobahn: Es fällt schwer, den Fuß vom Gas zu nehmen.

Es raschelt, als ginge ein Windstoß durch einen Wald, als wir unsere Gesanghefte aufschlagen. Meditative Gesänge sind die Gebete von Taizé. Klare Melodien, eine Mischung aus gregorianischem Choral und Wiegenlied. Wir singen biblische Textzeilen in allen möglichen Sprachen, in Latein, in Französisch, Deutsch, Englisch oder Polnisch. Fünf-, zehnmal wiederholen wir jedes Lied. Langsam wird mein Puls ruhiger, mein Atem tiefer. Ich schließe die Augen, höre zu, schweige. Eine Decke aus Klängen legt sich um mich.

Und draußen fällt die Nacht schwarz und klar über das Land.

An jedem Morgen erhalten wir das Abendmahl schon beim Morgengebet. Der Tag beginnt rein. Nach dem Frühstück und am Nachmittag streife ich durch die Natur und höre einem Mönch zu, der von Jona erzählt, der kein Prophet sein wollte. Spreche mit Menschen aus aller Welt über solch uralte Fabeln, und eine fragt, warum Gott jetzt schweigt, keine Dornbüsche mehr brennen und sprechen, wir die alten Geschichten wiederkäuen, statt neue zu erleben im Hier und Jetzt. „Klopft an, so wird euch geöffnet werden", sagt ein anderer.

Gebe ich Zeichen, dass mir einer öffnen möge? Vielleicht wartet auf mich keiner hinter der verschlossenen Tür.

Mittags kratze ich mit einem Löffel die abgestoßene rote Plastikschale mit dem Reisgericht bis aufs letzte Korn leer, Messer und Gabel gibt es nicht.

Wie alle Gäste habe ich eine Aufgabe, ich spüle am Mittag das Geschirr ab; andere kochen das Essen, teilen es aus, putzen die Toiletten oder betreuen für ein paar Stunden einige Kinder.

Unspektakulär ist der Tagesablauf, spartanisch das Essen, schlicht die Gottesdienste: Wir singen, einer der Brüder liest an einem Holzpult inmitten des Raumes einen kurzen Bibeltext in verschiedenen Sprachen. Erneutes Singen, dann sitzen wir zehn Minuten ruhig, singen ein drittes Mal.

In diesen zehn Minuten traben meine Gedanken ins Büro, zu meiner Familie, zu den schnarchenden Zimmergenossinnen, zu den vorgelesenen Bibelzitaten, zu meinem knurrenden Magen.

Aber manchmal überschreite ich unversehens eine Schwelle. Weiß nicht wohin. Erst wenn die Alltagsgedanken wieder auftauchen, wie ein plötzlich sehr laut angestellter Fernseher, der den Schlafenden aufweckt, merke ich überhaupt, dass ich den Bereich meiner innersten Stille betreten hatte.

Einmal bleibt mir ein Bild. Ich bin eingebettet in Weiß, als läge ich auf Wolken. Als Kind hatte ich mir beim Blick aus dem Flugzeug immer vorgestellt, die Wolkendecke könnte mich tragen. Ich lauere auf solche Augenblicke. Aber wie ein Spiegelbild im Wasser zerstöre ich sie, sobald ich nach ihnen greife.

Und doch bringen mich die Gesänge immer wieder zu dieser geheimnisvollen Ruhe. Die dauernde Wiederholung der Melodien und Texte lullt mich ein, die Lieder sickern in mich, erobern stetig den Raum, den vorher Sorgen einnahmen. Bis jetzt versuchte ich meine Sorgen zu verstehen, zu analysieren. Drehte und wendete sie, hegte sie geradezu. Kein Wunder, dass sie anhänglich wurden bei dieser guten Pflege.

Die Lieder hallen in mir nach bis ich einschlafe, empfangen mich, wenn ich aufwache.

So wird der Rhythmus der Tage allmählich zur Hängematte, der Alltag verblasst.

Ein Effekt, wie er in jedem Urlaubsclub nach einigen Tagen eintritt. Die Gottesdienste unser organisiertes Programm, die Mönche die Unterhalter, der Glaube das Wochenthema, eine gefühlsduselige Spielerei zur Ablenkung?

Vier Tage, also zwölf Gottesdienste brauche ich, bis sich das Gefühl der Fremde wandelt. Am fünften Tag liegt im Abendgebet ein menschengroßes hölzernes Kreuz vor dem Altar. Es ist Juli, doch hier feiern die Mönche an jedem Freitag Karfreitag, an jedem Samstag Auferstehung. Die Ikone – das Symbol für den Tod Jesu. Eine Kerze am Samstagabend als Zeichen des Neubeginns.

Die Menge singt, Kerzen auf dem Kreuz lassen die Rottöne des Holzes leuchten und legen flackernde Muster auf die Gesichter der Knieenden. Die Menschen legen Hand oder Stirn auf das Holz, damit Gott auf sich nehme, was sie beschäftigt.

Es zieht mich zum Kreuz, ich reihe mich ein; der Sog ist stärker, als meine innere Stimme, die sagt: Vielleicht ist es nur Aberglaube und noch dazu ein inszenierter.

Ich will ausprobieren, was dran ist an der Sache, und lege meine Stirn auf das Holz.

Lieben und geliebt werden, ein bisschen mutig sein. Das wünsche ich, naiv wie ein Kind im Märchen etwas von einer Fee erfleht.

Meine Stirn wird heiß auf dem Holz und ich habe Angst, den vielen anderen die Zeit zu stehlen mit meiner Wünscherei. Weiß nicht wie lange ich hier kauere, auf einmal ist alles bleischwer in mir, es kommt eine irrsinnige Müdigkeit über mich und meine fiebrige Stirn liegt auf dem Kreuz, als seien wir mit Magneten verbunden. Und es ist, als schlüpfe die Wolkendecke, auf der ich in den stillen Momenten ruhe in mich hinein; sie füllt mich gänzlich aus. Zuversicht ist in mir.

Am nächsten Abend segnet Frére Roger nach dem Gottesdienst alle, die zu ihm kommen. Sein Rücken ist gebeugt, seine Schritte setzt er behutsam, stets hat er eine weiße Wollstola bei sich, legt sie sich um die fröstelnden Schultern. Über seinem Gesicht liegt ein Netz von Falten, aber sein weißes Haar ist voll, als wäre er ein junger Mann.

Brüchig klingt seine Stimme, wenn der Begründer von Taizé spricht, neunundachtzig Jahre ist er alt, seit vierundsechzig Jahren lebt er hier mit bis zu hundert Brüdern.

Auch zu mir beugt er sich herab, reibt fast zärtlich mit dem Daumen ein Kreuz auf meine Stirn, legt die andere Hand dabei auf meinen Kopf, murmelt „Don't be afraid, Christ is always with you." Breiter Handrücken, kräftige Finger. Als könnte er mit Leichtigkeit Kartoffeln aus der Erde klauben. Ein Schauer rieselt in mich.

Noch Tage spüre ich wie einen Stempel den Abdruck seiner Hand.

Warum Mönche rennen, statt zu schreiten
Liebeserklärung an einen unmöglichen Ort

von Christian Feldmann

Wach auf, meine Seele! Wacht auf, Harfe und Saitenspiel! Ich will das Morgenrot wecken.

5.30 Uhr morgens, für einen Freiberufler aus der Großstadt eine abartige Zeit. Um die Stunde, da daheim nur die Zeitungsträger unterwegs sind und noch nicht einmal der Bäcker geöffnet hat, herrscht hier im Kloster bereits geschäftiges Treiben. Schwarz vermummte Gestalten treten lautlos aus den Zellentüren, huschen den matt erleuchteten Gang entlang zur Hauskapelle.

> *Wie schön ist es, am Morgen deine Huld zu verkünden und in den Nächten deine Treue.*
>
> *Nehme ich die Flügel des Morgenrots und lasse mich nieder am äußersten Meer, auch dort wird deine Hand mich ergreifen und deine Rechte mich fassen.*

Während die Mönche die *Laudes* singen (aus deren Psalmen die Zitate stammen), geht über dem Klostergarten die Sonne auf. Es ist still draußen, nur melodisches Vogelgezeter ist zwischen den Textzeilen zu hören. Mildes Licht dringt durch das halb geöffnete kleine Fenster, fällt auf die Statue eines mürrisch blickenden Sankt Benedikt, der eine rätselhafte Konservendose – mehr Alterspatina als Farbe – in der Hand hält. Irgendwann einmal klärt man mich auf, es sei der Giftbecher, den die hinterfotzigen Mönche ihrem Abt Benedikt gereicht haben, weil er ihrem losen Lebenswandel ein Ende setzen wollte. Natürlich überlebte er den Anschlag – in Legenden ist das normal.

> *Meine Seele wartet auf den Herrn mehr als die Wächter auf den Morgen. Denn beim Herrn ist die Huld, bei ihm ist Erlösung in Fülle.*

Mein Freund hier im Kloster ist schon siebzig Minuten wach, wenn der Morgengottesdienst beginnt. Pünktlich um 4.20 Uhr steigt er in seinem Dachkämmerchen „am Juchhe", wie er sagt, aus den Federn und erlebt die schönste Stunde des Tages: in vollkommener Ruhe, noch vor der Morgendämmerung, beten, nachdenken, in sich hineinhorchen, die Mitte des eigenen Lebens finden, bei Gott anklopfen, ihm die Brüder und die Menschen draußen mit ihren Sorgen anvertrauen. Ich beginne zu verstehen, warum ihm diese Stunde so kostbar ist.

Ein erster Lerneffekt: Unnormal und verrückt ist nicht diese Gebetsversammlung zu nachtschlafender Zeit – verrückt ist unser städtischer Lebensstil, weil aus dem Takt der Natur geraten. Wie schön, hier in der Kapelle langsam richtig aufzuwachen, während es draußen hell und lebendig wird. Und abends Besinnung zu halten, wenn die Natur schlafen geht. Mitschwingen im Rhythmus des Lebens. Das gibt Kraft, Gelassenheit, auch Freude.

Gruppenaufenthalte im Kloster reizen mich nicht mehr. Zu viel Programm, zu viel Hektik, zu viele überflüssige Gespräche. Nein, ich will nicht ungerecht sein – der Kloster-auf-Zeit-Kurs, mit dem ich dieses Haus entdeckt habe, war wunderschön und lehrreich und menschlich angenehm – und schon gar nicht arrogant: Natürlich lässt sich Gott nicht ohne Weggefährten finden, auf menschenleerer Straße der Seele. Die Menschen, die manchmal lästigen, geschwätzigen, oberflächlichen, sind ihm lieber als die majestätische Einsamkeit der Wüste, wo sich herrliche mystische Glaubenserfahrungen machen lassen – und die Nöte der Welt und die Herausforderungen der Menschen, an denen sich Glaube erst erweist, so wunderbar weit weg sind.

Aber ab und zu brauche ich diese Auszeit ohne viel Plaudern und Erklären. Still werden. Hören statt reden. In mich hineinhorchen, mir etwas von Gott sagen lassen, statt mich zu rechtfertigen und zu produzieren. An einer anderen Lebensform teilnehmen, den Reichtum einer anderen Existenz entdecken, ohne sogleich selbstgefällige Kommentare abzugeben.

Ist das Voyeurismus? Freches Eindringen in die Privatsphäre einer Gemeinschaft? Genüssliches Beobachten fremden Lebens, das ein

Recht auf Intimität hätte? *Der Name der Rose,* moderne Version, bei freiem Eintritt zu bestaunen? „Mitleben im Kloster" heißt das freundliche Angebot – geht das überhaupt? Welche Anmaßung, ein paar Tage, zwei Wochen ein Leben teilen zu wollen, dessen Voraussetzungen mir viel zu hart, zu radikal wären! Der halbherzige Kompromiss-Christ – „Gottsucher" nennt man das hochtrabend, wenn einer nicht wagt, sich zu entscheiden – pocht an die Klosterpforte, guckt eine Zeit lang teils amüsiert, teils bewundernd zu, um dann mit ein wenig schlechtem Gewissen, aber auch erleichtert, in seinen Alltag zurückzukehren, wo es so viele Ausflüchte gibt, so viele Hintertürchen, so viele Gründe, auf dem goldenen Mittelweg zu bleiben und nie, nie in das wunderbare, riskante Abenteuer hineinzuspringen, das Glaube wirklich bedeutet.

Oh ja, ich weiß inzwischen eine Menge von „meinen" Mönchen, ich kenne die kleinen Intrigen und die großen Fraktionskämpfe, die Empfindlichkeiten und Eifersüchteleien und die Bosheit, die zwangsläufig wuchert, wenn Menschen ein Leben lang auf engem Raum zusammenleben. Die Mönchskutte verwandelt keinen Choleriker in einen Heiligen, und es „menschelt" kräftig hinter den heiligen Mauern.

Aber ich bin immer wieder beschämt und beeindruckt, *wie* sie ihre Konflikte austragen, wie sie sich unter das Kreuz stellen und hinterfragen lassen, wie sie es fertigbringen, Kränkungen gelassen wegzustecken und das eigene Ego den Gesetzen der Gemeinschaft unterzuordnen, ohne ihre persönliche Eigenart zu verlieren.

Kirchenkritische Spötter stellen sich so einen Mönchskonvent gern als uniformen Haufen von Schwarzröcken vor: gleichgeschaltete, angepasste fromme Roboter mit abgeschliffener Persönlichkeit, weil Rom und die jeweiligen Obrigkeiten angeblich die Stromlinienförmigen bevorzugen. Mag ja sein, dass solche Leute pflegeleicht sind und Bischöfen oder Ordensgenerälen keine Schwierigkeiten machen – aber mein Gott, wie langweilig sind sie auch!

„Mein" Kloster liebe ich deshalb, weil es eine Ansammlung kantiger, ausgereifter Individuen birgt, mit denen man problemlos einen spannenden Film drehen könnte. Da gibt es den weißhaarigen Internatslehrer mit der goldgerändeten Brille, der ein bisschen wie ein

Industriemanager mit Herz aussieht. Den asketischen Kollegen, der Kurse in gregorianischem Chorgesang gibt, Literaturabende veranstaltet und den ausufernden Klostertourismus mit kritischem Blick, aber gottergeben betrachtet. Den Dorfpfarrer mit der gesunden Gesichtsfarbe, der meist in den Ortschaften um die Klosteranlage herum unterwegs ist und jede Familientragödie auf den Bauernhöfen kennt (und diskret in seinem breiten Brustkasten begräbt).

Da gab es (denn er ist schon einige Jahre tot) den grantigen, wohlbeleibten Kahlkopf, der niemals lachte und kein Quentchen Charme hatte, aber das Gespräch zwischen Christen und Juden mit Sachverstand und Sensibilität belebte und leidenschaftlich dafür kämpfte, dass die dummen spätmittelalterlichen Hetzbilder von einem jüdischen Hostienfrevel aus einer benachbarten Pfarrkirche verschwanden.

Da gibt es den kugelrunden Sakristan, der sich behände wie ein Igel fortbewegt (überhaupt rennen die meisten Mönche, sie haben immer etwas zu tun und schreiten lediglich dann würdevoll, wenn sie zum Gottesdienst in die Basilika einziehen), eine wunderschöne Tenorstimme besitzt und die allgegenwärtigen Klostergäste mit ihren tausend Fragen und Bedürfnissen mit herablassender Skepsis behandelt. Aber um die kranken und pflegebedürftigen Mitbrüder kümmert er sich liebevoll wie ein Engel.

Mein Favorit ist der vierundachtzigjährige einstige Sekretär des Abtes: Er war im Zivilleben Offizier, bevor er in das Kloster eintrat, und geht immer noch kerzengerade, obwohl ihn die kranken Füße schmerzen, und strahlt die Würde eines menschenfreundlichen alten Königs aus den Märchen aus. Monarchenwürde, die sich mit Demut verbindet: Damals, als wir *Kloster auf Zeit* absolvierten, bekam er gerade ein Paar neuer orthopädischer Schuhe angepasst. Er trat mit dem blitzblank geputzten frischen Schuhwerk in unsere Mitte und bedankte sich begeistert bei uns „Steuerzahlern" für die prompte Leistung der Krankenkasse.

An einem Adventmorgen vor etlichen Jahren erschien einer der älteren Patres nicht zum Morgengottesdienst; beim Frühstück sprach sich herum, er sei gleich nach dem Aufstehen tot neben dem Bett zusammengebrochen: das Herz, die Venen. Erst wenige Tage vorher hatte ich ein paar Sätze mit ihm gewechselt, dem alten Herrn aus dem Böhmerwald, dessen Gesicht herzliche Güte und Schalk ausstrahlte.

Weil auf dem Festkalender Juan de la Cruz stand, der spanische Mystiker, der von der „dunklen Nacht des Glaubens" schrieb, hatten wir an diesem Morgen die den „heiligen Hirten und Kirchenlehrern" gewidmeten Texte gesungen: *Komm, du guter und treuer Knecht, du bist im Kleinen ein treuer Verwalter gewesen, darum will ich dir Großes übertragen, komm, nimm teil an der Freude deines Herrn* – während zwei Stockwerke darüber so ein treuer Knecht tot in seiner Zelle lag, und keiner von seinen Mitbrüdern hatte es gewusst.

Ein Lehrstück der Intimität und Unbefangenheit im Umgang mit dem Tod: Im Lauf des Vormittags wird unter dem großen Kreuz in der Eingangshalle, neben einem betörend schönen Ensemble voll aufgeblühter roter Weihnachtssterne, der schwarz bezogene Wagen für den Sarg aufgebaut. Kurz vor zwölf beginnen alle Glocken der Basilika zu läuten; alle Brüder versammeln sich vor dem Kreuz, zwei, drei Verwandte des Toten und wir wenigen Gäste stoßen dazu. Im Lift wird der Sarg heruntergebracht, um vom Abt eingesegnet zu werden. Mit der ruhigen Sicherheit der immer gleichen uralten Riten beginnt ein selbstverständlicher, herzlicher Abschied, der quer zu den Verdrängungsmechanismen der aufgeklärten, von religiösem Finsterkram befreiten Gesellschaft liegt und so viel Mitmenschlichkeit, Sensibilität, Freundschaft über den Tod hinaus transportiert.

Der Subprior, im Alltag Gärtnermeister und Herr über die Likörproduktion des Klosters, reckt das unten angespitzte Friedhofskreuz wie ein Schwert in die Luft, und während die Mönche wie ein kleines Kreuzritterheer singen *Exultabunt Domino ossa humiliata* („Jubeln sollen die zerschlagenen Gebeine"), setzt sich die kleine Schar hinter ihm her den Kreuzgang hinunter in Bewegung. Der Trauerzug gerät zur Triumphprozession, die Totenklage zu einer überhaupt nicht aufgesetzten, nüchternen und doch mitreißenden Bekundung von Vertrauen.

Als Gesänge und Gebete absolviert sind, verwandeln die Brüder den – noch geschlossenen – Sarg am Ende des Kreuzgangs mit dem großen Weihwasserwedel für einen Augenblick in eine Art wassertriefendes Boot. Eine vielleicht zu großzügig bemessene zärtliche Geste des Abschieds. Und als wäre nichts geschehen, schließt sich ein paar Meter weiter in der Hauskapelle pünktlich um 12.15 Uhr wie jeden Tag die *Mittagshore* an, eingeleitet von dem Hymnus, der heute so passend erscheint:

> *Schenk jenen klaren Abend uns,*
> *mit dem das Leben nicht versinkt,*
> *mit dem als heil'gen Todes Lohn*
> *die ew'ge Herrlichkeit beginnt.*

Es ist so schön, glauben zu dürfen.

Beim Mittagessen stehen auf dem Platz des Toten im Speisesaal ein Kreuz, eine brennende Kerze, Blumen. Statt der Tischlesung wird heute geplaudert – wie an Sonn- und Festtagen. Langsam lösen sich die betroffenen Mienen.

Am Abend wandere ich durch den dunklen Kreuzgang zum mittlerweile offenen Sarg. Der heimgegangene Mönch sieht schon fremd aus, wächsern, zerbrechlich, das Gesicht ist nicht ganz sichtbar unter der Kapuze der schwarzen Kutte, aber ein bisschen wirkt er wie ein Fürst, der keine Allüren hat und zu lächeln versteht, wenn er über die Schwelle ins Licht geht.

Nein, das würde ich nie schaffen. Mich in so eine Großfamilie mit ihrem spirituellen Anspruch zu integrieren. Jahrzehntelang tagaus, tagein dieselben teils umwerfend-lieben, teils strahlend-charismatischen, manchmal aber wohl auch nervigen, aufdringlichen Visagen und Gestalten vor mir zu haben, beim Beten, beim Singen, beim Essen, beim Umherhuschen in den endlos weiten Klostergebäuden.

Ich, das verwöhnte Einzelkind, empfindlich, eigenbrötlerisch, sozial nicht sehr talentiert, oft genug verloren umherschwimmend und von mir selbst enttäuscht. Ich habe es nicht einmal geschafft, mehr als ein Jahrzehnt bei derselben Frau auszuharren.

Merkwürdig: Je öfter ich hier in „meinem" Kloster bin, desto schwächer wird das Hadern mit meiner trägen, unentschlossenen Existenz. Weil man mich hier nie – Mönche können unendlich tolerant sein – auf einen vermeintlich vollkommenen Weg zum Himmel zu drängen sucht. Weil sie ihr Kloster bescheiden als eine Art Dienstleistungsbetrieb betrachten, in dem Leute wie ich Kraft und Mut für eine ganz anders geartete Existenz tanken, Impulse sammeln, sich zu öffnen suchen.

Vielleicht ist mein komisches, zerrissenes Leben „draußen" – ich bin Schriftsteller und will wie ein Suchender für die anderen Sehnsüchtigen über Gott und Christus und die immer größere Hoffnung erzählen, auf keinen Fall wie ein Kirchenfunktionär – eine entscheidende Vorbedingung, um meine Bücher schreiben zu können.

Vielleicht gibt es völlig verschiedene Wege zu Gott, und man muss den einen, einzigen finden, der für einen persönlich passt. Vielleicht sind Klöster nicht nur als Burgen gedacht, in denen fromme Extremisten im Ordensgewand ihr Leben verbringen. Vielleicht sollen sie auch ein Stück Heimat für die Leute von draußen bilden, die immer wieder kommen und sich die immer gleiche radikale Frage stellen lassen: Werde ich es endlich wagen, dem Evangelium zu gehorchen, aus dem Rahmen zu fallen, ohne Sorge um den morgigen Tag?

In der Wüste gibt es keine Götter
Aus einer Eremitage im Gebirge der Sahara

von Johann Steiner

Die letzten zwei Jahre waren hart gewesen, vor allem psychisch fühlte ich mich ausgelaugt. Zwei Jahre hatte ich in Marseille als Sozialarbeiter bei der „Association Amicale du Nid" gearbeitet, einem Projekt zur Reintegration von Prostituierten. Frauen, die nach jahrelanger Ausbeutung und Erniedrigung auf dem Strich den Versuch wagten auszusteigen, konnten in unserer Wohngemeinschaft mit Arbeitstraining Aufnahme finden. Die intensive pädagogische und therapeutische Arbeit verlangte vor allem Ausdauer und kostete auch viel Kraft.

Nach diesen zwei Jahren entstand in mir ein tiefes Bedürfnis nach Ruhe und Stille, auch nach Klärung, welchen Weg ich weitergehen sollte. Ich musste mich zurückziehen, um wieder zu mir selbst zu finden. Etwas anderes kam dazu: Ich hatte das Doppelgesicht der Einsamkeit in Marseille erlebt. Seit meiner Gymnasialzeit hatte ich an verschiedenen Orten im In- und Ausland gelebt und die Erfahrung gemacht, dass dort überall Menschen waren, die ich schon kannte. In einer Großstadt wie Marseille zu leben und niemanden zu kennen, war neu für mich. Es hatte gedauert, bis ich wirklich Freunde fand, und es gab lange Phasen, in denen ich mich sehr einsam fühlte. Aber ich hatte aus dieser Einsamkeit auch viel Kraft geschöpft. Diese Erfahrung war es auch, die in mir den Gedanken geweckt hatte, mich für eine bestimmte Zeit in eine Einsiedelei in der Wüste zurückzuziehen. Die Spiritualität von Charles de Foucauld, der „Bruder aller Menschen sein" und nicht durch das Wort, sondern durch sein Leben Zeugnis vom Evangelium geben wollte, hatte mich immer interessiert. Ich wusste: Es gab eine Einsiedelei, die Charles de Foucauld selbst gegründet hatte und die in den Jahrzehnten nach seiner Ermordung durch einen Tuareg – am 1. Dezember 1916 – verfallen war. Die erste Fraternité nach dem Tod von Charles de Foucauld war dann 1933 von René Voillaume in El Abiodh-Sidi Cheikh am Rande der nördlichen Sahara in Algerien gegründet worden. An diesem Ort gibt es jetzt zwei Gemeinschaften, eine Schwestern- und eine Brudergemeinschaft. Sie können aber keine Gäste für Exerzitien aufnehmen. Aus meiner Beschäftigung mit dem Werk des Gründers der Gemeinschaften der Kleinen Brüder und Schwestern wusste ich aber auch, dass es eine Gemeinschaft von zwei Brüdern im Hoggargebirge im Zentrum der Sahara im Süden Algeriens gibt, an einem Ort, an dem Charles de Foucauld gelebt hatte.

Ich entschloss mich, bei ihnen anzufragen, ob ich mich für einige Wochen in eine der Einsiedeleien zurückziehen könne. Ich schrieb also an „Die Kleinen Brüder. Am Assekrem. Tamanrasset. Algerien." Nach etwa zehn Tagen hatte ich bereits Antwort. Frére Jean Marie Cortade schrieb mir einen Brief, der mich hätte entmutigen können: dass sich die Einsiedeleien im Hoggargebirge auf 2800 m Höhe befänden, fernab jeder Zivilisation, nur aus übereinander geschichteten Steinen erbaut seien, dass nachts der kalte Wind durch die Fugen blase, dass es weder Fleisch noch Fisch noch Obst noch Gemüse zu essen gäbe, einzig und allein Teigwaren. Das Leben sei von Kargheit und Härte geprägt, fügte er hinzu.

Sein Brief motivierte mich noch mehr. Genau dorthin wollte ich mich zurückziehen. Und schon der Weg dahin – mitten durch der Wüste – sollte ein Teil meiner Exerzitien sein.

Während meiner Reisevorbereitungen sagte einer meiner Bekannten: „Warum gehst du eigentlich allein in die Wüste? Meiner Meinung nach muss man entweder Fanatiker sein, wie der Mann, der allein die Welt umsegelte, oder Selbstmörder oder", sagte er etwas verächtlich „an den guten Gott glauben". „Genau das ist es", sagte ich. „Und ich gehe in die Wüste, um zu hören, in aller Stille."

Als ich bei der Abreise von Marseille mein Motorrad voll tankte, sagte der Tankwart: „So etwas würde ich auch gerne machen, aber allein?" und zuckte misstrauisch die Achseln. „Um zu hören, braucht man keine anderen Menschen", gab ich zur Antwort.

Ich war überzeugt: Wenn ich mich auf den Weg mache, mich von der Zivilisation entferne, langsam in die Wüste eintauche, so kann mir das helfen, mich auf die Einsamkeit einzustimmen, langsam in sie einzusteigen. Die Begegnung und Auseinandersetzung mit den Gewalten der Natur und der Wüste kann die Loslösung von dem inneren Verhaftetsein bewirken. Ich wollte ja etwas Neues anfangen. Und auf diesem Weg konnte ich den Stress der Zeit davor loslassen und offen werden für Neues. Andererseits konnte ich in dieser Zeit die intensiven Erfahrungen der letzten harten Jahre verarbeiten, vielleicht auch vertiefen.

Zwei Wochen sollte meine Anreise durch die Wüste bis in die Einsiedelei im Hoggargebirge dauern. Das erste Hotel in der Oase El Oued in der Nähe von Touggourt ernüchterte mich und führte mich für die nächsten Nächte wieder in die Wüste zurück, unter freiem Himmel, nur die Sterne über mir. Beim Betreten dieses Hotels schnitten mir eigenartige Düfte die Luft ab. Ein Behälter, den ich zuerst für den Abfalleimer hielt, war das Waschbecken. Als ich den Wasserhahn betätigte, sprühte heiße Luft heraus. Der Hoteldiener brachte Wasser in einem Kanister, und bei der Gesichtswäsche merkte ich, dass der Wasserbehälter vormals ein Motoraltölkanister gewesen war. Der Verzicht auf Hotels fiel mir ab jetzt sehr leicht.

Die Menschen in den Oasen warnten mich – nachts ohne Zelt unter freiem Himmel – vor giftigen Schlangen. Deshalb besorgte ich mir ein sechs Meter langes Hanfseil, legte es abends auf den Dünen der Sahara in Kreisform auf und legte mich in die Mitte. Nach Ansicht von weisen Männern sollte ein Hanfseil vor Schlangenangriffen schützen. Der Glaube daran wiegte mich in Sicherheit. Außerdem empfand ich so etwas wie einen Energiekreis um mich und spürte über mir die leuchtende Milchstraße. Bevor ich in den Schlafsack kroch, rieb ich mich und Schlafsack mit Cadenöl ein, dessen penetranter Geruch die Macht besaß, Schlangen zu vertreiben. Wer jemals von diesem Öl gerochen hat, der weiß, dass es Mensch und Tier vertreibt. Besser schlecht gerochen als gut gebissen, dachte ich.

Um die Wüste zu erleben, muss man durch sie hindurch wie durch das Leben. Die Extremsituation der Wüste färbt auch das Gemütsleben des Wüstenwanderers. Tagelang war ich allein unterwegs, bis

ich vier Motorradfahrer traf: Drei Deutsche, Erich, Rainer, Dieter, und
Kasu, einen Japaner. Ich war froh darüber, denn ich war kurz zuvor
im Sand gestürzt und bekam Angst, allein weiterzufahren. So beschlossen wir, die drei Tage bis Tamanrasset gemeinsam zu bewältigen. Am ersten Morgen hatte ich für sechs Uhr Tagwache angekün-
digt. Da ich aber bereits um vier erwachte, stand ich auf, machte mich
zu Fuß auf den Weg durch die Wüste nahe der Schluchten von Arak.
Weit ging ich in die Wüste hinein, immer geradeaus, so schien es mir,
dem Sonnenaufgang entgegen. Nach einer halben Stunde Weg kehrte
ich um und ging wieder geradewegs zurück. Es war halb sechs, und
nach meinem Ermessen hätte ich auf das Lager stoßen müssen. Doch
nichts.

Ich rief, niemand antwortete, ich ging weiter. Im Morgengrauen
meinte ich, die Zelte der Kollegen zu erspähen, doch als ich mich
näherte, bemerkte ich drei Steine in Form von Kugelzelten. Ich ging
nach rechts und nach links, zurück, geradeaus und bald wusste ich
nicht mehr, woher ich kam. Ich rief oftmals und lauschte – nichts.
Eineinhalb Stunden irrte ich umher, endlos schien es mir, eine ungeheure Angst befiel mich. Wo war ich? Warum antwortete niemand?
Ich musste weit abgekommen sein, was mache ich? Bald hörte ich
nur mehr die Schläge meines Herzens. Todesangst befiel mich. „Wie
finde ich nur die anderen? Was tue ich, was mache ich?" Plötzlich
durchkreuzte ein Gedanke meine Ängste. Ich stellte mich auf eine
kleine Anhöhe und rief in alle Himmelsrichtungen und wartete auf
ein Zeichen. Als ich mich nach Westen kehrte und rief, sah ich Licht-
morsezeichen am Horizont. Ich folgte diesen Zeichen, die scheinbar
immer weiter nach rechts abwanderten, und merkte nicht, dass ich
einen leichten Linksdrall im Schritt hatte. Zwanzig Minuten später er-
reichte ich die Lichtquelle: Es waren tatsächlich meine Kameraden.
Sie hörten mich rufen und gaben mir Zeichen. Zwei Kilometer weit
war ich abgekommen ... Die außergewöhnliche Stille, die Lautlosig-
keit der Wüste, die meine Rufe auf diese Entfernung hörbar machten,
hatten mich gerettet.

Kurz vor Tamanrasset – von den Einheimischen kurz Tam genannt –
brach wieder die Nacht herein, die Piste hatte die Scheinwerfer ka-

puttgerüttelt, wir suchten einen Schlafplatz in der Nähe von Felsen. „Ich bin todmüde", schrieb ich in mein Tagebuch, „seit einem Tag habe ich nichts mehr zu essen, schlecht vorgesorgt! Die Anstrengungen der Fahrt haben mich bis zu einem unbeschreiblichen Punkt ermüdet. Kraftlos falle ich über die Steine, die Zunge klebt mir am Gaumen, ich kann nicht mehr. Was hatte ich doch in Angriff genommen? Nur einen Gedanken habe ich: weg von hier! Aber ich bin in der Mitte der Wüste! So stelle ich mir die Hölle vor: eine Ewigkeit lang mit dem Motorrad durch die Sahara fahren …"

In Tam sprach ich mit einem Weißen Vater aus Mali. Er wartete auf seine Ersatzteile für die Weiterfahrt. In der Wüste hat er gelernt, warten zu können. „Bemühen wir uns, Brot zu bekommen", meinte er. „Sonst geht es uns wie mir gestern. Eine Stunde lang Schlange stehen und dann, wenn die Reihe an dich kommt, erschallt der Ruf: Brot ist aus! Morgen wieder."

Tatsächlich ist es unvorstellbar. Des Straßenbaus wegen hat sich durch die Präsenz des Militärs die Bevölkerung in dem Ort verdreifacht. Die Nahrungsprodukte sind aber gleich geblieben. Die Menschen sind seit Wochen ohne Brot. Um acht Uhr öffnen die Bäckereien, die Leute warten bereits seit sechs. Die Militärs kommen mit großen Lastwagen, laden auf, was sie brauchen, dann die Polizei, das Krankenhaus, die Restaurants … Die Menge, die seit sechs Uhr wartet, wird weggeschickt. Niemand wehrt sich, am nächsten Tag kommen die Leute wieder. Es ist normal, dass es Bevorzugte und Benachteiligte gibt.

Auf dem lokalen Markt hatte ich eigentlich meine Verpflegung für drei Wochen Einsiedelei besorgen wollen. Jetzt sah ich die Armut der Stadt. Außer Datteln und einigen gedörrten Tomaten bekam ich nichts. Ich wollte aber wenigstens Reis und Teigwaren mit ins Gebirge für die Brüder und mich mitnehmen. Man verwies mich auf den Supermarkt. Dort angekommen, waren die Regale leer. „Morgen gibt es wieder Hörnchen, Reis erst in zwei Wochen, Inscha Allah!"

Erich, Dieter und Rainer begleiten mich in Richtung Einsiedelei auf dem Assekrem-Hochplateau. Der Zustand der Piste ist wie gewohnt: teils Sandverwehungen, teils glatt wie Wellblech. Langsam wird es steiler und steinig. Kopfgroße Steine liegen auf der Piste. Jeder fährt wie er kann. Die Straße steigt mehr und mehr, die typischen Hoggarspitzen rücken immer näher. Zwischen Steinklötzen und Felsabhängen wedeln wir uns hoch. Und es steigt noch mehr an. Die drei vor mir stecken in einer Steilkurve fest. Der eine kann weder vor noch zurück. Erich ganz außer sich: „Das ganze Motorrad wird demoliert. Da kommen wir nie hinauf, fahren wir zurück und verladen die Motorräder auf einen Lastwagen." Rainer: „Glatter Selbstmord. Wenn du auf einem Stein ausrutschst und die Böschung hinunterstürzst, bist du weg für immer." Dieter will es trotzdem versuchen, aber es gelingt nicht. Das Motorrad, eine 250er Enduro, ist zu schwer bepackt. Nach einer heftigen Diskussion kehren sie um. Innerlich wehre ich mich dagegen, erinnere mich an die Todesangst bei der Verirrung, ich will nicht allein weiterfahren. Ich weiß, wie notwendig die Hilfe und wie groß die Abhängigkeit von Menschen ist. Schweren Herzens verabschiede ich mich und wir danken einander. Sie warten noch, wie es mich über die großen Felsbrocken das Steilstück hinaufschleudert und fahren den Berg hinab. Ab jetzt bin ich allein, so schwer es mir auch fällt.

Ich wusste damals noch nicht, dass mich die Begleitung vom Eigentlichen ablenkte. Erst viel später sollte ich erfahren, dass erst durch das Alleinsein, das Ausgeliefertsein an die Extremsituation der Wüste, durch die unabgelenkte Konfrontation mit mir selbst, in mir ein neues Vertrauen erwacht ist. In den langen Phasen der Einsamkeit zu erfahren, dass ich letztlich geborgen bin, eingebettet in etwas Höheres, zu erfahren, dass es jemanden gibt, der mich bedingungslos liebt – das sollte der Kern meiner Wüstenerfahrung werden.

Noch drei Stunden Fahrzeit! Ob ich es wohl bis Sonnenuntergang zur Einsiedelei schaffe? Während ich das denke und mich mit der Lage abfinde, ab jetzt ganz allein auf Saharas Pisten zu sein, komme ich ins Schleudern – und lande in einem Graben. Mühsam ziehe ich mich und die 300 kg schwere BMW wieder heraus. Mir wird bewusst: Allein auf diesen steilen steinigen Pisten umzudrehen ist nicht weniger gefährlich als weiterzufahren.

Die Nacht bricht herein, rechts erheben sich steile Felswände, links ein abgrundtiefer Abhang. Die Piste ist kaum zweieinhalb Meter breit. Es ist Nacht. Angst befällt mich. Mein einziger Schutz: das Hanfseil.

Mein Ziel erreiche ich am nächsten Vormittag: Am Assekrem auf 2800 Meter lagen schlicht und bescheiden die Einsiedeleien der Kleinen Brüder Jean Marie und Edouard. Sie erwarteten mich seit Tagen. Jean Marie lud mich auf eine Tasse Tee in seine spärlich eingerichtete Hütte ein. Außer Tisch, Sessel, Bett, Kochgelegenheit und einigen Büchern gab es nichts, was in seiner Einsiedelei ablenkte.

Jean Marie, ein über Siebzigjähriger, sein drittes Jahrzehnt bereits in der Wüste, ein schlanker, hagerer Mann, seine Gesichtszüge vom Wetter des Gebirges geprägt. Manchmal, wenn ich ihn ansah, fragte ich mich, ob das Hoggargebirge sein Gesicht geformt hatte. Oder passte sein Gesicht von jeher zu dieser Landschaft, so dass er sich dort zurückziehen konnte, weil sie gleichsam Spiegel seiner selbst war? Er erzählte, dass er beim Militär gedient hatte, bevor er sich den Kleinen Brüdern anschloss, und nun von seiner kleinen Militärpension sein bescheidenes Leben bestritt. Er war ein offener Mann, ganz einfach. Wenn er sprach, war eine geistige Tiefe zu spüren. Sein Gesicht, seine Augen, seine Stimme, seine Gesten strahlten etwas Friedvolles und Wohlwollendes aus – ein weiser Mönch. Die Tuaregs nannten ihn „unser Marabout". Ein Marabout im Islam ist ein Heiliger, an den man sich in der Hoffnung auf eine Fürbitte wendet. Auch lebende weise spirituelle Männer werden als Marabout bezeichnet. Man fragt sie um Rat oder einer verdient diesen Titel, weil er Heilkräfte besitzt. Für die Tuaregs war Jean Marie all das. Bescheiden wies er diese Bezeichnung stets zurück.

Edouard, seit einigen Jahren in der Einsiedelei des Hoggargebirges, ein gut vierzigjähriger spiritueller, kraftstrotzender, humorvoller Mann, kommunikativ, ein Kenner der Region und der Berge und der historischen Felsenmalereien des Gebirges. Von ihm erfuhr ich viel über die Lebensweise der Tuaregs.

Ihre Aufgabe sahen die Brüder in der Präsenz unter den Tuaregs: da zu sein für deren Anliegen. Die Wüstenbewohner kamen immer wieder mit ihren Sorgen und Nöten zu ihnen. Ansonsten studierten die beiden targui, die Sprache der Tuareg. Die Arbeit, die Charles de Foucauld bereits begonnen hatte, wollten sie weiterführen und vertiefen. Ansonsten gehörten tägliche Messungen für die meteorologische Station zu ihrer Beschäftigung. Aber die Hauptsache waren Einkehr und Meditation.

Nach dem Begrüßungstee führte mich Frére Edouard in „meine" Eremitage am anderen Ende des Plateaus, eine halbe Stunde Fußmarsch von der Einsiedelei der Brüder und der Steinkapelle entfernt. Dort schlug ich in einer neun Quadratmeter großen Steinhütte für die nächsten drei Wochen mein Lager auf. In Stille und Einsamkeit verbrachte ich diese Wochen.

Täglich, noch vor dem Morgengrauen, stand ich auf und marschierte eine halbe Stunde über das Plateau zur Steinkapelle. Davor stehend, betrachtete ich den Aufgang der Sonne, die zwischen zwei Bergspitzen den Tag erleuchtete. Ein atheistischer Tourist, der eines morgens zum Berg aufgestiegen war, um ebenfalls den Sonnenaufgang zu sehen und neben mir stand, fragte mich: „Wie können die Ungläubigen an Christus glauben, wenn die Christen untereinander uneins sind?" Ich hatte keine Antwort.

Vor der Kapelle zogen wir uns die Schuhe aus in Erinnerung an Moses. Er bereitete sich vor auf die Begegnung mit Gott und zog seine Schuhe aus, so erzählt die Bibel. Die Messe in der kaum 15 Quadratmeter großen Kapelle mit Jean Marie und Edouard war schlicht. Wir waren vier Exerzitanten, eine Kleine Schwester aus Südafrika, zwei Franzosen und ich, manchmal auch der eine oder andere Tourist. Gelegentlich war auch ein islamischer Tuareg mit dabei. Da der Raum so klein war, gab es keinen Unterschied zwischen Altarraum und Raum für das Volk, es war eins.

Der Ritus war gleich, wie wir ihn in der römisch-katholischen Kirche kennen, aber Jean Marie oder Edouard beteten die Messtexte so gesammelt, dass man den Eindruck gewann, es wäre jedes Mal ein neues Gebet und der Zelebrant bete es zum ersten Mal. Nie fehlte das Gebet für unsere Schwestern und Brüder im Islam, und die spontan gesprochenen Fürbitten und persönlich eingeflochtenen Gebete der

Anwesenden gaben der Messfeier etwas Persönliches und Individuelles, vermittelten aber auch ein Gefühl der Gemeinschaft: „Herr, erinnere dich an die, die verschieden an dich glauben, die einen, die dich Jahwe nennen, die anderen Allah, und wir, Herr Jesus, eine uns." – „Du Abraham, den die Juden, Moslems und Christen kennen, verbinde diese Religionen im Namen Gottes!"

Sonntags nach der Messe setzten wir die erlebte Gemeinschaft in einem Festessen fort, einem Linsengericht aus Konserven, das Touristen den Brüdern bei der Durchreise geschenkt hatten. Das Sonntagessen durchbrach das Schweigen der ganzen Woche. Jean Marie erzählte, dass er früher alle drei Wochen mit dem Esel 80 Kilometer dem ausgetrockneten Flussbett des El Oued entlang nach Tam marschiert war, um sich mit Lebensmitteln zu versorgen und dann den Berg wieder hochzusteigen, dass aber seit einigen Jahren Touristen diese Aufgabe übernahmen. Und dass er jeden Interessenten für die „Einsiedelei auf Zeit" mit abschreckenden Botschaften beliefere, denn nicht nur einmal mussten sie Besucher, die bei einbrechender Dunkelheit in den spitzen Hoggarsteinen Teufelszähne zu sehen glaubten, ins psychiatrische Krankenhaus nach Algier bringen.

Nach dem gemeinsamen Essen ging dann jeder wieder zurück in seine Hütte und war für sich allein.

Tagsüber unternahm ich Wanderungen auf die umliegenden Berge. Manchmal nächtigte ich oben am Gipfel eines Berges neben Schlangen und Skorpionen im Schutze meines Hanfseils, mit einer Fernsicht von über 100 Kilometern in jede Himmelsrichtung, ausgeliefert der Größe, Schönheit und Geborgenheit der Natur unter freiem Himmel, um tags darauf in meine Einsiedelei zurückzukehren.

Nachts war es kalt, minus zwei Grad Celsius – während tagsüber das Thermometer auf dreißig Grad kletterte –, und es fror mich in meiner armseligen Hütte ohne Mörtel aus flachen Steinen, kunst- und liebevoll von Jean Marie und den Tuaregs errichtet. Rechts vom Eingang ein etwa 40 Zentimeter hoher Steinsockel von einem Quadratmeter mit einer Matratze für das Nachtlager. Einen Schritt davon entfernt ein anderer Sockel mit einer Steinplatte als Tisch, ein Hocker und ein steinerner Betschemel. An der Wand ein Steinkreuz und ein gerahmtes, ausgebleichtes Bild von Charles de Foucauld, ein kleiner Topf, eine Pfanne, ein Teller mit Besteck, das war alles, was es in der Hütte gab. Seit einer Woche hatte sich mein Speiseplan, der während der Anreise aus Datteln und Zwiebeln bestand, um Teigwaren erweitert. Kein Mensch um mich, nur die nackten Steine. Das Wasser zum Kochen und Trinken schöpfte ich aus einer Regentonne unweit der Hütte.

Eines Tages plagte mich die Neugierde: Ich öffnete den Steindeckel und sah zu meinem Entsetzen eine tote Ratte im Wasser schwimmen. Daraufhin ersuchte ich Jean Marie, mir eine andere Wasserstelle zu zeigen. Er meinte: „Du kannst zur nächstgelegenen Regentonne absteigen, dort liegen vielleicht zwei tote Ratten drin." Das Regenwasser: eine Ansammlung der Regenmasse seit zwei Jahren.

Ein andermal, als ich wieder auf einen der nahe gelegenen Berge kletterte, sah ich von Ferne einen Ziegenhirten mit seinem Vieh aufsteigen. Als er mich sah, schlug er seinen Weg in meine Richtung, um mit mir einige Worte zu wechseln. Er sprach arabisch, targui und französisch. Lesen und schreiben konnte er nicht. Neugierig wollte ich wissen, wo er wohnt. „Was bedeutet wohnen?", fragte er. Ich korrigierte: wo er lebe. Er streckte seine Hand über die Wüste aus, umschrieb einen Radius von 360 Grad und sagte „Hier lebe ich. Gestern war ich mit meinen Ziegen hinter diesem Berg, heute werde ich dort sein, und morgen über der nächsten Bergkette." Wir tauschten noch einige Gedanken und beendeten dann unser Gespräch. Er bedankte sich. „Wofür?", fragte ich. „Dafür, dass ich dir begegnet bin", meinte er. Fünfzig Tage habe er niemanden getroffen. Diese Dankbarkeit beeindruckte mich tief.

Auf meinem Rückmarsch zur Hütte verfinsterte sich der Himmel. Unerwartet und ungewöhnlich für diese Jahreszeit zogen Gewitterwolken auf, immer dichter, und kurze Zeit später blitzte und donnerte es. Ich hatte keinen Regenschutz mit. Der Himmel öffnete seine Schleusen, und heftiger Regen ging nieder – doch ein bis zwei Meter über mir verdunstete er. Zum ersten Mal erlebte ich, was es bedeutet, zwischen den Regentropfen zu gehen, es regnen zu sehen und dennoch trockenen Fußes „nach Hause" zu stapfen.

Eines Abends bei Anbruch des Sonnenuntergangs – der Himmel hüllte sich wie jeden Abend in Purpurrot, die Sonne, ein glühend roter Feuerball, tauchte langsam in der westlichen Gebirgskette unter, um am nächsten Morgen als dieselbe rote Feuerkugel über den Bergen des Ostens aufzutauchen, ein staunenswertes Schauspiel der Natur, das mich jeden Tag von neuem bewegte – wanderte ich bergauf zwischen Steinriffen und Gebirgsfelsen. Nach einer Schneise sah ich zwei Tuaregs hoch zu Kamel. Fragend hielten sie mich an: „Wohin gehst du?" „Auf diesen Gipfel", antwortete ich und zeigte hinauf. „Nimm dich in Acht vor den Berggeistern", warnten sie mich. „Sie sind mir wohl gesinnt", erwiderte ich. „Dann darfst du gehen", gaben sie mir die Erlaubnis.

Meine dritte Begegnung: Ein Tuareg kam eines Tages bei meiner Steinhütte vorbei und bat um Wasser. Wir sprachen miteinander, dann bot er mir eine Tuaregfrau aus seiner Familie zur Heirat an, für nur ein Kamel als Brautpreis. Ich hätte die Geldsumme nicht, gab ich ihm zu verstehen. „Dann kannst du eine Sklavin für nur zwei Ziegen haben." Da es unüblich und unhöflich ist, einem Tuareg etwas abzuschlagen – so hatte man es mir gesagt – verschob ich das Tauschgeschäft auf unbestimmte Zeit.

Von diesen Begegnungen abgesehen, war ich die ganze Zeit allein in meiner steinernen Eremitage. Ich saß vor oder in meiner Hütte, las und meditierte Texte der Bibel oder andere spirituelle Texte oder marschierte – mal mehr, mal weniger achtsam – über das Plateau bis zum Abend. Ich versuchte, auf die innere Stimme zu hören, was nicht leicht war und lange dauerte. Denn Gedanken, Gefühle, Sorgen, Mitleid, Stolz, Ängste, lenkten mich ab, hinderten mich daran, innerlich leer zu werden und auf die innere, leise, kaum hörbare, annehmende, liebende Stimme in mir zu hören, die Stimme einer höheren Instanz. Die Kargheit des Hoggargebirges, das fehlende Leben dieser Steinwüste, die Leere rund um mich, erleichterte es mir schließlich, auch innerlich leer zu werden und zu hören, was ich will, was mein Auftrag im Leben ist, meine Berufung.

In mein Tagebuch schrieb ich: „Immer wieder verbringe ich Tage innerlich sehr leer und ausgebrannt. Die Wüste ist ein Abbild meiner selbst, das Erdrückende der Wüste spüre ich in mir, die Sahara um mich, unter mir und in mir. Sie ist nicht nur als Landschaft vor mir, sie ist mein Zustand. Ich habe das Gefühl, in Finsternis zu tappen, auch eine geistige Wüste zu durchqueren, von Angst gepeinigt. Ich weiß, dass die Angst dem Glauben entgegengesetzt ist, dass sie ein Ausdruck des Zweifels, des Unglaubens ist, aber ich habe sie. Von Angst war ich gequält, als ich hier den Berg des Hoggargebirges herauffuhr, aber ich brach auf zur Begegnung mir Größerem, Höherem und erinnere mich, dass dort, wo der Mensch Gott begegnet, Furcht liegt. Zu groß ist er, dass wir es fassen können."

Nach diesen Phasen der Dürre begann ich langsam, in dieser unendlichen Weite die Gegenwart Gottes zu erahnen. „Fürchte dich nicht, ich bin bei dir", fiel mir ein und ich begann zu erfahren und zu begreifen, dass dort, wo ich so allein war, ich mich in ihm geborgen fühlen konnte. Ich war mir sicher, getragen zu werden. Der Vers aus der Bibel „Gott verlässt den nicht, der ihn sucht" gab mir unglaubliche Kraft, denn im Grunde war dies mein Beweggrund, in die Wüste zu gehen. Ich wollte mich dorthin zurückziehen, fern von allen Menschen, um ihn zu suchen und zu hören.

„Die erdrückende Einsamkeit der Wüste lebte ich bereits in Marseille, hier erlebe ich sie jetzt als erfüllende Einsamkeit. Hier im Hoggar ist die Wüste fruchtbar. Es gibt keine Scheingötter in der Sahara, weder Geld noch Reichtum noch Komfort."

„Einen langen Anstieg auf einen der Berge unternahm ich heute. In der Ebene vorher sah ich Kamele auf der Weide...'Kamele sind immer zu mehreren, das eine lässt das andere nicht im Stich. Sie geben ein Beispiel für uns Menschen, ein Beispiel in der Wüste', sagte mir ein Tuareg. Ich kletterte steil hinauf, gerade noch ohne Seil zu schaffen. Oben am Gipfel sah ich die Hoggarberge rund um mich und weit hinein in die Wüste. Soweit das Auge reicht, niemand, nur Steinwüste. Ich fühle mich in Gottes Hand, ich danke Gott für diese Pracht. Wie groß muss erst der Schöpfer all dieser gewaltigen Berge sein? Und strecke mich aus zwischen zwei Steinen."

Helder Camaras Buch *Die Wüste ist fruchtbar* hat mich aufgerüttelt. Sein Aufruf an die abrahamischen Minderheiten, ob Christ, Moslem, Jude, aber auch an die Humanisten, Atheisten oder andere, sich zusammenzutun und zu handeln für eine gerechtere und menschlichere Welt. Ein Ruf auch für mich, an einer menschlicheren Welt mitzuarbeiten. Mir ist klar geworden: Der Ruf führt mich zu den Menschen, die in Leid und Unterdrückung leben und der Ungerechtigkeit ausgesetzt sind. Innerlich froh, breche ich auf, ich weiß, Gott ist mit mir und ich bete: „Hier in der Wüste hast du mich erfahren lassen, dass du gegenwärtig bist, dass du mit mir bist, dass du mich trägst. Lass mich immer im Bewusstsein deiner Gegenwart leben, dir überall begegnen, du Gott ohne Grenzen. Lass mich wie Abraham deinen Namen anrufen und dich bekannt machen dort, wo man dich nicht kennt."

Nach zwei Wochen schrieb ich einem Freund in Frankreich: „Ich gedenke noch mehrere Tage hier zu bleiben, denn die Sahara ist wirklich ein guter Ort für Meditation und Gebet. Es ist alles so einfach in meiner kahlen Steinhütte, dass man sich nur mehr wesentliche Fragen des Lebens stellen kann. Wenn ich die Bibel durchlese, stelle ich fest, dass es nicht von ungefähr ist, dass Gott sich im Laufe der Geschichte immer wieder gerade in der Wüste den Menschen offenbarte, denn ich glaube, die Wüste zwingt den Menschen wirklich zu hören."

Die zentrale Erfahrung, die ich aus der Wüste mitgenommen habe und die mich in den Jahren danach – bis heute – begleitete und mir in vielen Situationen Kraft gab, ist das Erleben eines tiefen Vertrauens in eine höhere Macht.

Ein Franzose, der von der Lebensweise und Ausstrahlungskraft der Brüder beeindruckt war, forderte Jean Marie auf, ein Buch zu schreiben. „Was soll ich schreiben?", war Jean Maries Antwort. „Unser Leben ist keine Geschichte, die Sahara verarmt uns intellektuell, und über Liebe kann man nicht viel schreiben. Unser Tagesablauf ist immer derselbe, Anwesenheit unter den Tuaregs und Meditation. Was soll ich Ihnen mehr sagen?"

Diese einfachen Worte waren so überzeugend, und es war gerade das, was dem Franzosen imponierte. Das von einem Mann zu hören, der die Liebe lebt, dessen Angesicht und Ausstrahlung von einer Beziehung zu Gott sprechen.

Wann immer ein Tuareg etwas brauchte, unterbrach Jean Marie das, was er gerade tat, und nahm sich Zeit, stand dem Suchenden mit Rat und Tat zur Seite. Er mochte die Menschen. Seine strahlenden Augen verrieten die Liebe zu ihnen.

Vier Jahre später kehrte ich abermals mit meinem Freund Hermann für zweiwöchige Exerzitien in die Einsiedelei des Hoggargebirges zurück, um von Tam die 80 km zu Fuß auf den Assekrem hinaufzusteigen.

Inzwischen ist Jean Marie Cortade verstorben. Edouard und ein zweiter Bruder mussten die Einsiedelei zeitweilig verlassen, als Folge der Gefahren durch die radikalen islamistischen Banden in Algerien. 1996 waren sieben französische Trappistenmönche aus dem Kloster Tibhirine in der Region Medea von einer extremistischen Splittergruppe der islamistischen Heilsfront entführt und ermordet worden. Zu dieser Zeit war auch die Fraternität der Kleinen Brüder Jesu in Le Bissa (etwa 200 km westlich von Algier) von islamistischen Terroristen überfallen worden. Ein Bruder wurde gefesselt, ein zweiter konnte fliehen, der Gefesselte kam zwar wieder frei, die Fraternität aber wurde aufgelöst.

In der Folge haben die Behörden von Tamanrasset die Kleinen Brüder am Assekrem veranlasst, ihre Einsiedelei als ständigen Wohnsitz vorübergehend aufzugeben. Die Brüder Edouard Georges und Alain Raillard waren dann nur noch gelegentlich am Assekrem, um die Einsiedeleien in Stand zu halten. Nach zwei Jahren sind sie aber wieder zurückgekehrt und leben seither wieder permanent am Assekrem.

Mein heiliges Jahr
Paradiesgärten in der Wüste und ein Dach über der Seele

von Friedemann Fichtl

In Erinnerung ist mir eine Illustration in einer mittelalterlichen Handschrift: Christus steht mitten in einem Kreis von zwölf Segmenten mit den personifizierten Arbeiten der zwölf Monate: Das Christusbild selbst ist beschrieben mit „sanctus annus": heiliges Jahr. Das trifft es ziemlich genau, was mir in zwölf Monaten eines so genannten Sabbatjahres widerfahren ist.

Vorausgegangen waren mehr als zwölf Monate mit Arbeit, zu viel Arbeit. Man hatte mir – und ich selbst hatte mir in den Jahren davor zu viel aufgeladen. Persönliche Enttäuschungen, Frust, Krankheit, schließlich lähmende Depression waren die Begleiter der Tretmühle, in die ich als Pfarrer geraten war. Es waren heillose Zeiten ohne Sinnerfahrung, ohne Gott „in der Mitte".

Der Bischof hatte mir schon vor längerer Zeit ein Sabbatjahr versprochen. Nun war es höchste Zeit. Die deutsche Benediktinerabtei in Jerusalem, damals noch „Dormitio", heute „Hagia Sion", genannt, hatte mir liebevoll Gastfreundschaft gewährt. Durch eine Fügung wurden dort aus zwölf Monaten nur ein gutes halbes Jahr. Die andere Hälfte verbrachte ich in einem griechisch-orthodoxen Kloster auf dem „Heiligen Berg" Athos. Eingestreut war noch ein „Wüstenmonat" in Ägypten, genauer: eine Woche bei den koptischen Mönchen des Makarioisklosters in Wadi Natroun und dann wieder gute zwei Wochen, diesmal als „Pilger", im benachbarten Baramuskloster und bei den Beduinen in der Sinai-Wüste.

Das war der äußere Rahmen dieser langen zwölf Monate „auf der Suche nach dem Eigentlichen" und als „Gast in der Stille der Klöster".

„Gott der Herr, nahm also den Menschen und setzte ihn in den Garten" (Gen 2,15)

Die Dormitio-Abtei in Jerusalem „betreibt" im benachbarten Josefshaus ein respektables Studienjahr für Studierende der Theologie. Sofort wollte ich einsteigen. Nachholen, aufholen wollte ich nach 25
Jahren Verausgaben. Der damalige Studienleiter Pater Laurentius Klein
lehnte zunächst brüsk ab, machte „dicht". Man bereite gerade eine
längere Studienreise durch Galiläa vor. Da könne ich ohnehin nicht
teilnehmen. Nach vier Wochen könnten wir ja weitersehen.

Ich empfand das als ziemliche Abfuhr. Wollte man mich Demut
lehren: „Humilitas"?

Zwischen Josefshaus und Abtei liegt ein größeres Gartenareal. In früheren Zeiten wurde er wohl zum Teil für den Gemüseanbau genutzt.
Ein Teil war beschattet von Bäumen. Der Friedhof der Mönche
schloss sich an diesen Teil an. Der mitgebrachte Reiseführer charak-
terisierte das Ganze als „verwildert". Pater Thomas, Bruder Thomas
wollte er nur genannt sein, mühte sich neben seinen anderen Aufgaben damit, „im Schweiße seines Angesichts" etwas Farbe und Ordnung in den Garten zu bringen. Mir waren Gartenarbeit und Garten-
planung nicht fremd. Bereitwillig ließ mich Bruder Thomas mithelfen.
Ich hatte ja jetzt Zeit. Zudem erahnte ich eine alte Planung des Gartens. Mein Ehrgeiz war geweckt. Eine „halbwüchsige" Palme – klein
genug wie mir schien – könnte noch leicht versetzt werden, um den
Mittelpunkt des Blumengartens zu markieren. Ich wusste, Palmen
sind Pfahlwurzler. Was ich, was wir nicht wussten – wie so ein „halb-
starkes" Gewächs auszugraben war. Ein ziemlich schweißtreibendes
Unternehmen für Schreibtischtäter! Dann mussten Schattenstauden
aus sonnenbeschienenen Partien in den Halbschatten versetzt, Rosen
und Irisbestände dagegen in die Sonne umgesetzt werden. Danach
kam der Versuch, vor allem im Friedhof zwischen den Gräbern etwas
Rasen anzulegen. Der heiße Sommer meldete sich an. Wasser wird
knapp sein. Bux neben Lavendel wäre wohl ideal als langjährige Ein-
fassung auch in Trockenzeiten. Bux war jedoch in allen Gärtnereien
und Baumschulen nicht aufzutreiben. Ein israelischer Gartenmanager
belehrte mich: Bux wachse nur langsam. „Wir Israelis haben keine
Zeit." Ein alter Klostergarten hier und draußen ein Gartenexperte, der
keine Zeit hat ...

Ganz anders der Garten in der ägyptischen Wüste: Hier war ich Gast in den Klöstern des Wadi Natroun. Ich brauchte nicht zu arbeiten, konnte wie der Herr „im Garten gegen den Tagwind einherschreiten" (vgl. Gen 3,8). Und von allen Früchten dürfe ich essen, sagte mir zur Begrüßung der Gastpater. Wirklich von allen, fragte ich mich, als ich dann ganz allein war. Das alte Adamsmisstrauen gegen die Großherzigkeit … Und wie kostbar mitten in der Wüste das Wasser war! Zutiefst aus dem Grund wurde es gepumpt. Umso kostbarer die vorbehaltlose Erlaubnis, „von allen Bäumen des Gartens" die gelb und gold leuchtenden Citrusfürchte zu essen. Rückkehr ins Paradies auf kurze Zeit, und dies mit dem Wissen um den Sündenfall.

Paradiesgarten der Gottesmutter auf dem Athos: So wird der Heilige Berg genannt. Aber er scheint mir doch auch eher der Ackerboden nach dem Sündenfall zu sein, wenn man nicht nur wandernder Gast ist, durchreisender Genießer einer falschen Romantik auf der Suche nach der „blauen Blume", wie es viele der immer häufiger erscheinenden Athosbücher suggerieren. Der Satz (im dritten Kapitel des ersten Buches der Bibel) vom verfluchten Ackerboden und von der Mühsal, diesen zu bestellen, gilt auch im Garten der Gottesmutter. Auch der trägt Dornen und Disteln, vor allem ein mir bis dahin fremdes Unkraut. Kleinste kartoffelartige Knöllchen, die aus den kleinsten Teilchen, die beim Jäten unweigerlich abfallen, sofort wieder neue Unkrautnester bilden, ließen mich schier verzweifeln. Dies „Wildkräuter" zu nennen, wäre für einen Gemüsegärtner glatte Blasphemie. Und immer wieder die Steine! Als wüchsen sie bis zum nächsten Umgraben noch größer im Gartenboden. Wie schätze ich die lockere Krumenerde meines bayerischen Pfarrgartens. Auch im Garten der Gottesmutter treibt der Teufel sein Unwesen. Pestizide bezeichnen sein Teufelswerk. Bis zu dreimal pro Tag sah ich Mönche mit der Giftspritze ihre Kirschen-, Aprikosen- und Pfirsichbäume einnebeln. Es bedurfte vieler Geduld und wohl überlegter kleiner Hinweise und praktischer Tipps, um die Idee eines Kompostierungsverfahrens zu vermitteln. Das lateinische Wort „humilitas" = Niedrigkeit, Demut kommt ja vom Wort „humus", Erde („als niedrigstem Teil der sichtbaren Welt", laut Lexikon der lateinischen Sprache).

Und dennoch bleibt die Sehnsucht nach dem Paradies und es bleibt die Aufgabe Adams, den Garten „zu bebauen und zu hüten" (Gen 2,15). Und es bleibt das Lernfeld „Demut" der Arbeit außerhalb und innerhalb des Paradieses. Wenn ich auf das Gewölbe im Chor meiner Stiftskirche hinaufblicke, sehe ich aus Stuck geformt das Geviert eines Paradiesgartens. Die Mitte bildet das Zeichen für den dreieinen Gott. Für mich ist dies eine sehr „erdig" erfahrene Vision geworden.

„Herr lehre uns beten" (Lk 11,1)

Diese Bitte der Jünger an Jesus kann ich auch nach so unterschiedlichen Gebetserfahrungen während meines Sabbatjahres immer noch nachbeten. Immer wieder gibt's die trockenen Leerstellen und das „Plappern der Heiden". Geblieben ist mir eine – wenn auch oft mühsam erkämpfte – Disziplin und Treue für Gebetszeiten. Auch wenn's da gar keine großen Gefühle gibt. Hier trotzdem geduldig auszuhalten und zu üben, das „bringt's". „In Wahrheit ist es würdig (= angemessen) und recht (= richtig), dir… zu danken und deine Größe zu preisen. Du bedarfst nicht unseres Lobes … Unser Lobpreis kann deine Größe nicht mehren, doch uns bringt er Segen und Heil…" So steht es im Messbuch (Präfation für Wochentage IV).

Das Stundengebet der Jerusalemer Mönche überraschte mich mit einem mir bis dahin unbekannten Reichtum an Texten und Riten, besonders in der Sonntagsvigil, vermutlich „Leihgaben" der Ostkirchen, doch alles verständlich in deutscher Sprache und Manier. Einige Versuche, dem Stundengebet der benachbarten Armenier etwas „abzugewinnen", gab ich bald auf. Zu fremd war die Sprache und noch befremdlicher der lautstarke Sound der überwiegend jungen Sänger. Selbst der Versuch, währenddessen für mich selbst gewissermaßen „à coeur" zu beten, scheiterte. Auf das pfingstliche Sprachenwunder musste ich noch warten.

Etwas davon erfuhr ich dann bei den koptischen Mönchen in der ägyptischen Wüste. Diese bereiteten sich auf ihr Weihnachtsfest vor. Deswegen gab es außer mir keine Gäste. Darum entschuldigte sich auch der Gastpater, dass es nach einem einführenden Rundgang durch die Klosteranlage leider nicht mehr möglich sei, mich zu betreuen. Das nötige Essen würde mir jeweils vor meinem Zimmer bereitgestellt sein. Im Kloster herrsche in diesen Tagen absolutes Schweigen. Zu den Gebetszeiten und Gottesdiensten sei ich herzlich eingeladen. Mit „Hand aufs Herz" und einer freundlichen Verneigung war er gleich verschwunden. Weitere Fragen, etwa die, welchen Platz ich in der Kirche einnehmen und wie ich da „teilnehmen" soll, waren damit schon erledigt. Bereits nach zehn Minuten war die Zeit zum Nachtgebet. Es war stockdunkel geworden. Hinter einem schnell eilenden Mönch huschte ich in die Kirche. Ich wollte mich möglichst unauffällig in einer hinteren Ecke postieren. Aber die gab es nicht. An der breiten Rückwand stellten sich Mönch neben Mönch in einer Reihe auf. Und mit freundlichem Nicken wurde ich in diese Reihe der Beter aufgenommen. Und da stellte ich fest, dass nicht nur meine unmittelbaren Nachbarn mich mit einer freundlichen „Hand aufs Herz"-Verneigung und der Andeutung einer Umarmung begrüßten, sondern dass dies jeder Mönch seinen beiden Nachbarn gegenüber auch tat. Welch eine Einstimmung ins Gebet! Da fiel mir ein: Ähnliches – nur ohne die angedeutete Umarmung – hatte ich bei den betenden Muslims schon gesehen, diese Verneigung zu den Nachbarn. Später erfuhr ich von einem „Gebetsdiener": „Wir begrüßen zu Beginn des Gebets den Engel unseres benachbarten Beters." Diese wohltuende, heilsame „Einstimmung" ins Beten habe ich für mich importiert. Die eher stillen Wechselgesänge waren getragen von einer ungeahnten, fast sanften Ruhe. Noch mehr als bei unseren gregorianischen Gesängen glich sich mein Atmen dem gelassenen, gleich bleibenden Rhythmus an, der immer wieder von leise klingenden Sistren markiert wurde. Der Gesang war mir unverständlich. Nur hin und wieder kamen Erinnerungen an auch uns geläufige Wendungen wie Kyrie eleison oder Halleluja. Die Worte zu verstehen, war nicht mehr wichtig. Selten wusste ich mich vom Gebet einer Gemeinschaft so intensiv mitgetragen. Da konnte ich auch „à coeur" mitbeten.

Und dann die langen Gebetsnächte, Vigilien, Nachtwachen bei den Kopten und dann häufig bei den Athosmönchen! Daran muss man sich gewöhnen. Stramme, eingeübte liturgische Haltung wird da bald

„ungemütlich". Ein koptischer Mönch zog mich sanft an eine halb-
hohe Rückwand: Zum Anlehnen, deutete er mir schweigend an.
Dann brachte er mir noch eine Wolldecke und bald darauf eine
zweite: Zum Sitzen und – wie ich schnell spürte – zum Wärmen. Die
Wüstennächte im Januar sind selbst in den weihraucherfüllten Kirchen Ägyptens ziemlich kalt. Meine Verneigung galt ganz konkret
diesem Schutzengel. Ob nicht unseren wohl temperierten Kirchen
gerade diese Schutzengel-Wärme mangelt?

Noch eine „Vorschule des Betens" besuchte ich bei den Athosmönchen. Sie erwarteten wohl, dass ich in kürzester Zeit zur Ortho-
doxie konvertieren würde. Trotz aller freundlichen Höflichkeit ließ
man mich bald spüren, ich sei ein armer und vielleicht für ihre jünge-
ren Mönche auch gefährlicher Ketzer. Äußerlich war ich gut, ja bes-
tens aufgenommen. Aber ich stand nie in einer Reihe mit den betenden Brüdern. Bald suchte ich von selbst die hinterste „Arme-Sünder-
Bank" in der Kirche wie im Speisesaal. Und wenn ich dort wegen
Platzmangel mich Hilfe suchend umwandte, geschah mir wiederholt,
dass man mir freundlich, aber bestimmt bedeutete: Du hast hier
keinen Platz. Da war das „Einstimmen" ins Gebet schon schwieriger.
Aber gerade hier half mir das Gebet zum geduldigen Aushalten. Ich
verneigte mich und verneige mich immer noch vor dem Schutzengel
der Mitbeter. Gottlob gab es auch andere Erfahrungen mit einigen
„anderen" Mönchen.

Eine weitere Gebetsschule verdanke ich den Athosmönchen. Ich
war einigermaßen verstandesmäßig präpariert für die orthodoxen
Gebetsübungen und Liturgien, ausgestattet mit den altgriechischen
Texten und deren deutschen Übersetzungen. Aber was hilft's, wenn
es an deinem Platz stockdunkel ist? Und bei Helligkeit ist es halt doch
meistens eine Übersetzungsarbeit, der Kopf ist engagiert. Aber das
Herz?

Tag für Tag und viele Nächte hindurch über etliche Monate hin bei
den langen Gebetszeiten lernte ich das Beten ohne (viele) Worte. Beschreiben kann ich das nicht. Aber es hat mein Beten geprägt. Und als
ich miterlebte, dass beim Arbeiten die Mönche sehr oft das Jesusgebet
„übten", lernte ich es wieder von neuem und intensiver. Dieses heil-

same Vertrauensbeten verdanke ich neben vielen „Entdeckungen" der orthodoxen Frömmigkeit meinen griechischen Mönchsengeln vom Heiligen Berg Athos.

Rückblickend war es ein „annus sanctus", das auch den folgenden Jahren mit ihren Monaten Struktur gebracht hat, eine „Perspektive" im Wortsinn, einen „Durchblick" nicht zuletzt auf Gott in der Mitte; Lernfeld und Kräftereserve zugleich waren sie. Und sie halten immer noch an.

Was war da so heilsam? Einiges will ich besonders vermerken:

- Die Gastfreundschaft als ein Dach über dem Kopf:
  eine Zelle, Bett, Tisch und Stuhl, nicht unbedingt ein Schrank, aber doch für alles eine „Ablage". Du bist willkommen.

- Die geordnete Zeit:
  Sie wird weder totgeschlagen im Stress, noch sinnlos vertan; trotz gleich bleibender Abläufe nie Langeweile. Bei den Mönchen auf dem hl. Berg Athos über den Tag und die Nacht verteilt acht Stunden Gebet und Gottesdienst, acht Stunden Arbeit, acht Stunden Ruhe.

- Das Dach über der Seele:
  Du musst die Gebete nicht „produzieren", erst recht nicht (als Pfarrer) die Liturgie. Auch wenn Worte und Gesänge dir oft unbekannt und unverständlich sind, du findest vielleicht, auch im anderen Kleid, Bekanntes und Bedeutendes für das eigene gewohnte Beten und Feiern.
  Ich entdecke wieder neu und „übe" immer noch das „Jesusgebet", diese unschätzbare Kraftquelle. Ein Dach für die Seele ist das offene Gespräch mit einem „geistlichen Vater" oder einer „geistlichen Mutter": Das Vertrauen und Anvertrauen, das Loslassen und Standfinden, Einsichten und Aussichten ...

- Die Stille:
  Zu Hause ist es ein ständiger Kampf um Räume und Zeiten der Stille. Hier werden sie mir geschenkt. Bei den Athosmönchen gab es weder Zeitung, noch Radio, noch Fernsehen; Handy war noch nicht

vorhanden. Und die mangelhafte Sprachkenntnis brachte zwangsläufig eine mir bis dahin ziemlich unbekannte Erfahrung, die ich
nur schlecht beschreiben kann: das Erleben von Auf-mich-selbst-
verwiesen-Sein, auf „Leere", auf Säuberung, Erfahrung von Einsamkeit, von „Wüste", aber auch von intensiver Aufmerksamkeit, eine
Art „inneres Hören". Unvergesslich sind mir die Nächte in der
Wüste, wo ich nur noch das Rauschen meines Blutes im Ohr hatte.
Ich verstehe nun eher, warum Jesus in der Wüste war, und auch,
warum er die Menschen an einen „einsamen Ort" führte. Auch die
ungewohnt langen Gebets- und Gottesdienstzeiten, die Wachenäch-
te (Vigil-Feiern) vor den Hauptfesten, oft acht bis zehn Stunden
lang, waren für mich eine Art von „Stille", wo die Zeit gewissermaßen im „Stillstand" ist. Mit so einer Wachenacht empfingen die
koptischen Mönche jeden Sonn- und Feiertag. Und nicht wenige
Gläubige aus den Städten nahmen daran teil. Ich vermute, dass auch
diese umfassende „Stille" der Mönche, fern von Radio und den
anderen Medien, bei vielen von ihnen zu einer freundlichen, fast
kindlichen Heiterkeit und Sensibilität führt, wie ich sie sonst in der
„Welt" kaum antreffe.

- Die Arbeit:
  Trotz teilweise schwerer körperlicher Arbeit empfand ich sie nie
  als niederdrückend und lästig. Das galt besonders der fast immer
  schweißtreibenden Gartenarbeit. Dem „Stubenhocker" und „Schreibtischtäter" war sie spürbar heilsam. Man arbeitete allerdings auch
  nicht bis zum Umfallen. Eine Glocke oder das Klangholz beendete
  die Arbeitszeit und rief zum Gebet oder zum Mahl.

- Das Fasten:
  An drei Tagen wöchentlich, montags, mittwochs und freitags, wird
  auf dem Athos gefastet. Dazu kommen mehrtägige und mehrwö-
  chige Fastenzeiten vor den großen Festen. Und die sind zahlreich.
  Da gibt es kein tierisches oder pflanzliches Fett, auch kein tierisches
  Eiweiß oder Milchprodukte. Fleisch fehlt ohnehin gänzlich auf dem
  Speiseplan. Hülsenfrüchte, Gemüse, Nüsse und getrocknetes Brot in
  begrenzter Menge sind Fastenspeise. Für die langen Gebetsnächte
  gibt's zwischendurch süßen Kaffee. Fisch und reichlich Oliven und

Olivenöl, Eier, auch Wein und köstliche Süßspeisen gehören zum Festmahl und schmecken nach dem Fasten besonders gut. Die Kleidung saß nach diesem halben Jahr sichtlich und spürbar lockerer. Eine ärztliche Untersuchung stellte fest, dass die Nieren wieder besser arbeiteten und die beginnende Diabetes verschwunden war. Ich selbst fühlte mich körperlich rundum gesund und fit.

Auch meine lieben Mitmenschen stellten fest, ich sei gelassener geworden und geduldiger, auch leistungsfähiger als zuvor und nicht zuletzt „frömmer"; so drückte sich eine betagte Frau aus. Und das ist ja für einen Pfarrer wirklich kein Fehler.

Ich selber meine, dass ich intensiver wahrnehme, besser zuhöre, toleranter bin, weniger, aber gezielter lese, weniger, aber intensiver Musik höre, lebens-„lustiger" bin und meine Grenzen besser kenne und annehme. Und ich habe Sehnsucht, wieder für längere Zeit Gast zu sein in der Stille des Klosters.

Ein Buch hat mich dieses Klosterjahr begleitet: *Weisung der Väter – Apophthegmata patrum.* Daraus zum Schluss ein Wort des Abbas Elegrius:

> *„Einen unruhigen und ausschweifenden Geist bestärkt das Lesen, Wachen und Beten. Die Glut der Begierden aber löscht der Hunger, die Arbeit und der Fleiß. Und den erregten Zorn unterdrückt der Psalmengesang, die Geduld und die Barmherzigkeit, jedoch alles zur rechten Zeit und in rechtem Maß. Denn unzeitig oder maßlos getan, hilft es nur wenig und bringt fast mehr Schaden als Nutzen."*
>
> *(Weisung der Väter, Trier 1986, S. 319; 973.)*

Informationen zu den Klöstern

Auskünfte über nicht nur deutsche, österreichische und Schweizer Klöster, die „Kloster auf Zeit" anbieten, finden sich auch in dem Buch von Hanspeter Oschwald, Der Klosterurlaubsführer. Erfahrungen – Informationen – Tipps. Herder Spektrum Band 5386.

Weitere Informationen in: Atem holen – Broschüre der Frauen- und Männerorden in Deutschland; zu beziehen über die Vereinigung Deutscher Ordensobern, Am Knöcklein 13, D-96049 Bamberg.

Abbey Hagia Maria Sion

(Dormitio Abbey Mount Sinai)
P. O. B. 22, J-91000 Jerusalem, Tel.: 00972-2-5 65 53 30,
Fax: 00972-2-5 65 53 32

Athos

Geistliche brauchen die Empfehlung des Ökumenischen Patriarchen von Konstantinopel/Istambul (Phamar).
Nur Männer ab 18 Jahren dürfen auf den Heiligen Berg – als Pilger für drei Tage. Zuerst Kontakt mit dem Pilgerbüro in Thessaloniki aufnehmen (Tel: 30 23 10-86 16 11 oder 30 23 10-83 37 33, Fax: 30 23 10-86 18 11), dann schriftliche Anfrage unter Angabe von Beruf, Konfession und Termin; in der Beilage: Kopie vom Personalausweis bzw. Pass. Etwa zwei Wochen vor Anreise nochmals Kontakt mit dem Pilgerbüro aufnehmen (Herr Canellis spricht Englisch).
Adresse: Holy Executive of the Holy Mount Athos, Karamanis-Str. 14, GR-54638 Thessaloniki.

Benediktinerabtei Maria Laach

56653 Maria Laach/Eifel. Tel: 0 26 52-59-0, Fax: 0 26 52-59-3 59, E-Mail: abtei@maria-laach.de. Internet: www.maria-laach.de
Der Gastpater heißt Athanasius Wolff.

Anreise: mit dem Auto über A 61, Abfahrt 33 Wehr oder 34 Mendig.
Entfernungen: Mainz 121, Bonn 55, Koblenz 31.
Hotel: Wer nicht direkt im Kloster wohnen möchte, kann im ange-
schlossenen Seehotel Maria Laach übernachten. 61 Zimmer, Preise ab
90,– Euro, Tagungsräume, Schwimmbad, Gartenterrasse. Zimmer mit
Seeblick. Reservierungen unter 0 26 52-5 84-0, Fax: 0 26 52-5 84-522.

Literatur/Bildbände: Drutmar Cremer, Gabriele und Bernd Steinicke:
Maria Laach. Münster und Mönche am See. Limburg: Lahn-Verlag
1989.

*Weitere Literatur für Interessenten an Reisen zu den Benediktiner-
klöstern:* Basilius Senger: Die Beuroner Benediktiner-Kongregation
und ihre Klöster. Beuron ²1997 (Überblick über die Benediktinerklöster in Deutschland, Österreich und Dänemark mit Adressen, Gottesdienstordnung und Unterkunftsmöglichkeiten, zu beziehen über die
Klosterbuchhandlung in 56653 Maria Laach oder über die Erzabtei
Beuron, 88631 Beuron. Tel: 0 74 66-17-0, Fax: 0 74 66-17-1 07).

Benediktinerabtei Münsterschwarzach

Gästehaus unter der Leitung von Bruder Pascal Herold OSB.
Schweinfurter Straße 40, D-97359 Münsterschwarzach Abtei,
Tel.: 00 49 93 24/2 00, Fax: 00 49 93 24/2 02 11,
E-Mail: Abtei.Muensterschwarzach@t-online.de
Internet: www.abtei-muensterschwarzach.de
Anreise: mit dem Auto über BAB 3 Frankfurt – Nürnberg, Ausfahrt
Kitzingen/Schwarzach in Richtung Volkach.
– per Bahn über Würzburg, Kitzingen, Münsterschwarzach.

Literatur/Bildbände:
zu beziehen über Buch- und Kunsthandlung der Abtei
97359 Münsterschwarzach-Abtei, Tel.: 09324 – 20213,
Internet: www.vier-tuerme.de/Buchhandlung.

Benediktinerabtei Niederaltaich

„Kloster auf Zeit" in Niederaltaich ist ein Angebot für Männer, eine
Zeit lang im Kloster mit den Mönchen zu leben, um in der Stille, im
Gebet, im Gespräch und in spezieller geistlicher Unterweisung eine

Neuorientierung für das eigene Leben zu finden. Die Kurse für Erst-
teilnehmer dauern zwei Wochen. Denen, die daran teilgenommen
haben, steht alljährlich mehrmals die „Woche der Wiederkehr" offen.
Die Teilnehmer sind ganz unterschiedlich nach Alter, Beruf und Konfession. Die Unterbringung erfolgt in Einzelzimmern mit oder ohne
Nasszelle.

Information und Anmeldung:
Haus St. Pirmin der Abtei Niederaltaich, 94557 Niederaltaich,
Tel.: 0 99 01/2 08-6, Fax: 0 99 01/2 08-2 50.

Anfahrt: mit dem Auto: Niederaltaich liegt an der Donau (nördliches
Ufer), etwa 10 km östlich von Deggendorf, an der Autobahn A 3, Ausfahrt 111 (Hengersberg – Niederaltaich).

– per Bahn: IC/EC-Station ist Plattling. Von dort Bahnanschluss nach
Deggendorf. Vom Bahnhof Deggendorf aus ist Niederaltaich mit dem
Bahnbus oder mit dem Taxi zu erreichen.

Literatur: Speziell für Niederaltaich: Geschichte der Abtei Niederaltaich, 19,50 €; zu beziehen über die Klosterbuchhandlung, 94557
Niederaltaich, Tel.: 0 99 01/2 08-1 78, Fax: 0 99 01/2 08-1 79. Allge-
mein empfehlenswert ist Oschwald, Hanspeter, Klosterurlaubsführer,
Herder 2003.

**Benediktinerinnenabtei St. Scholastika –
Kloster Burg Dinklage**
Gute Internetdarstellung, Klosterladen und Klostercafe.
Information und Anmeldung: Burgallee 3, 49413 Dinklage,
Tel.: 0 44 43-51 30, Fax: 0 44 43-513-118, E-Mail: abtei@abteigburg-
dinklage.de

Für Gästeanfragen: gaesteempfang@abteiburgdinklage.
Anreise: mit dem Auto über A 1 (Bremen-Dortmund), Abfahrt Lohne/
Dinklage, am Ortseingang erste Straße Burgallee (an der Ecke Hin-
weisschild Burghotel), immer geradeaus, über eine Brücke, das Kloster liegt auf der linken Seite. Parkplatz rechts.

– per Zug: Die nächsten Bahnstationen sind Lohne und Quakenbrück.

Literatur: Domus Dei, Bendiktinerinnen in Dinklage, Dialog-Verlag,
Münster, 1. Auflage 1999.

Communauté Taizé

Die Communauté Taizé grenzt an das gleichnamige Dorf im französischen Burgund und liegt etwa 100 Kilometer nördlich von Lyon. Erreichbar ist das Kloster mit dem Auto, der Bahn oder Sonderbussen. Informationen zu diesen preiswerten Busfahrten gibt es beim Regenbogen-TourService, Tel.: 0 71 41-97 54-3 22, Fax 0 71 41-97 54-3 23 oder unter taize@regenbogen-tourservice.de und www.regenbogen-tourservice.de.

Unterkünfte in einfachen Barracken gibt es im Kloster. Wer zelten will, kann dies auf dem Gelände tun. Für Behinderte und Familien gibt es seperate Gästehäuser mit etwas mehr Komfort.

Ein Aufenthalt in Taizé kostet pro Person ab 12,– Euro pro Tag und dauert idealerweise von Sonntag bis Sonntag, so profitiert man am meisten von den aufeinander aufbauenden Ritualen.

Interessierte können täglich deutschsprachige Ansprechpartner erreichen (Tel.: 00 33-3 85 50 30 03, täglich von 11-12 Uhr und 18-19 Uhr, Samstag 11-12 Uhr, Fax: 00 33-3 85 50 30 16).

Eine umfangreiche Seite in 26 Sprachen findet sich im Internet unter www.taize.de. Dort gibt es auch ein Anmeldeformular für einen Klosteraufenthalt. E-Mails gelangen unter treffen@taize.fr in die Glaubensgemeinschaft.

Informationen zu den Jugendtreffen gibt es unter Tel.: 00 33-3 85 50 30 03 (Montag bis Freitag 10-12, 14.30-17.30 Uhr, Samstag 10-12 Uhr).

Literatur: Kathryn Spink: Frére Roger, Gründer von Taizé. Leben für die Versöhnung. Herder Verlag 1999.

Eremitagen am Assekrem in der Sahara

Die Brüder Edouard Georges und Alain Raillard in der Einsiedelei am Assekrem legen bei Menschen, die sich für eine Zeit der Einkehr bei ihnen zurückziehen möchten, Wert auf eine gewisse Vorerfahrung mit Einsamkeit unter Extrembedingungen und geben die derzeit schwierige politische Situation in Algerien zu bedenken.

Eine Möglichkeit der Einkehr „Kloster auf Zeit" bietet auch die Gemeinschaft der Trappisten in Fés-Marokko.

Anreise: mit dem eigenen Fahrzeug von Algier, Annaba, Oran oder Tunis, entweder über die Trans-Sahara-Strecke über In Salah oder über die Piste im Osten über den Grand Erg Oriental und Tassili-gebirge nach Tamanrasset und von dort weiter auf den Assekrem.

– Mit öffentlichen Verkehrsmitteln (Busse, Landrover): direkt von Algier nach Tamanrasset oder in Etappen Algier-Ghardaia, Ghardaia-El Golea, El Golea-In Salah, In Salah-Tamanrasset.

– Inlandsflug: Algier-Tamanrasset und von dort per Landrover (öffentliches Verkehrsmittel) auf den Assekrem.

Anmerkung: die Abfahrtszeiten der öffentlichen Verkehrsmittel sind für europäische Verhältnisse sehr ungenau (variieren um Stunden).

Literatur: Das neueste Standardwerk über die Kleinen Brüder Jesu: Petits Fréres de Jesu/Fréres au coeur du monde à la suite de Charles de Foucauld/Edition Karthala Paris/ISBN 2-84586-295-4/2002

Kapuzinerkloster Altdorf

Kapuzinerkloster, CH-6460 Altdorf,
Tel. +41 41 874 07 30, Fax :+41 41 874 07 39
E-Mail: *altdorf@kapuziner.org*. Internet: *http://www.kapuziner.org*
http://www.kath.de/gruenewald/kloster/altdorf.htm.
Anreise: mit dem Auto von Basel über A 2, Richtung Gotthard, Ausfahrt Altdorf.
– per Zug: Schnellzug nach Flüelen, dort auf den Autobus nach Altdorf Telldenkmal.
Entfernungen: Basel 135, Luzern 41.

Literatur: Seraphin Arnold, Kapuzinerkloster Altdorf, Verein für Geschichte und Altertümer von Uri, 1981 (vergriffen).

Kloster Einsiedeln

Anschrift für Interessenten: Gastpater, Benediktinerabtei,
CH-8840 Einsiedeln, Tel.: 055 418 62 40; Fax: 055 418 62 39;
E-Mail: gastpater@bluewin.ch; Internet: www.kloster-einsiedeln.ch
Informationen für Unterkünfte in Einsiedeln: Einsiedeln Tourismus, Hauptstrasse 85, CH-8840 Einsiedeln,
Tel: 055 418 44 88; Fax: 055 418 44 80; E-Mail: info@einsiedeln.ch

Literaturauswahl:

Georg Holzherr, Einsiedeln. Kloster und Kirche Unserer Lieben Frau. München/Zürich: Verlag Schnell & Steiner 1987.

Hanna Böck, Einsiedeln. Das Kloster und seine Geschichte. Zürich/München: Artemis Verlag 1989.

Harry Bruno Greis, Das Benediktiner-Kloster Einsiedeln. Ein Blick hinter die Klostermauern. München/Zürich: Verlag Schnell & Steiner 1992.

Magnus Löhrer und Markus Steiner (Hrsg.), Lebendiges Kloster. Fribourg: Paulusverlag 1997.

Schweizerische Benediktinerkongregation, Benediktinische Gemeinschaften in der Schweiz. Gossau: Cavelti 2002.

Exerzitien- und Bildungshaus der Pallottinerinnen

Weilburgerstr. 5, 65549 Limburg

Tel.: 0 64 31-20 09-5 55, Fax: 0 64 31-20 09-5 56

E-Mail: ex_bildhs@pallottinerinnen.de, Internet (im Moment im Aufbau/Umbau): www.pallottinerinnen.de

Anfahrt: mit dem Auto über die BAB 3 Köln – Frankfurt, Abfahrt: Limburg-Nord.

Per Bahn: Bahnhof Limburg.

Trappisten-Abtei Mariawald

Abtei Mariawald, 52396 Heimbach/Eifel

Tel. 0 24 46-9 50 60, Fax 0 24 46-95 06 30.

Anreise: mit dem Auto über A 1, Abfahrt zur B 266 Mechernich.

Entfernungen: Köln, Bonn und Aachen jeweils 60 Kilometer.

Übernachtung: Im Kloster nach Voranmeldung bis auf Januar jederzeit möglich.

Literatur: Anselm Grün, Der Anspruch des Schweigens, Vier Türme Verlag 1984; Henri Nouwen, Ich hörte auf die Stille, Herder 1978.

Evangelisches Kloster Riechenberg

Als Beispiel für evangelische Klöster, die „Kloster auf Zeit" im Sinne von Einkehrtagen bzw. Tagen der Stille anbieten, sei in Deutschland

das Kloster Riechenberg bei Goslar genannt, in dem derzeit fünf Brüder aus der Hermannsburger Mission nach strengem Zölibat leben
und eine eigene evangelische Frömmigkeit und Lebensweise prak-
tizieren – im Tagesrhythmus auch inspiriert vom benediktinischen
Mönchtum. 23 geschmackvoll eingerichtete Einzelzimmer in einem
Einkehrhaus (mit Gebetsecke, Kniebank und zum Teil eigener Küche), ein Schweigeweg, eine gut ausgestattete Bibliothek, aber auch
die Möglichkeit, gregorianischen Psalmgesang zu lernen oder – wenn
man lieber etwas mit Händen machen will – die Teilnahme an einem
„Ora et labora"-Programm teilzunehmen, gehören ebenso zum Angebot wie Yoga- oder Eurhythmiekurse. Die Mönche bieten auch seel-
sorgerliche Einzelgespräche an.

Nähere Informationen im Internet unter www.gethsemanekloster.de.
Die Mönche sind telefonisch dienstags bis freitags 8.30 Uhr bis 11.30
Uhr unter der Nummer 0 53 21- 2 17 12 zu erreichen.

Zu den Autoren

Cornelius Bormann, geb. 1939 in Berlin. Studium der Germanistik, Geschichte und Theologie mit dem Berufsziel Journalismus. 1965 bis 2001 Tätigkeit als Redakteur beim Westdeutschen Rundfunk in verschiedenen Funktionen: Korrespondent im Hauptstadtstudio Bonn, Moderator der Sendung „Tagesthemen", Auslandskorrespondent in Afrika, USA und Polen, Leiter des Studios Düsseldorf, Chefredakteur der Landesprogramme Nordrhein-Westfalen Fernsehen. Veröffentlichungen über die „Landjudengemeinden an der Erft", „ein bisschen menschlicher, Bundespräsident Johannes Rau". Gegenwärtig arbeitet Cornelius Bormann an einem Buch über Polen und Deutsche: „Der Adler mit der Frau im Herzen".

Rita Döbbe, geb. 1961 in Lünen (Westfalen), Studium der Germanistik und katholische Theologie in Münster (Westfalen). Seit 1989 arbeitet sie in der Redaktion „Kirche und Lebe" beim ZDF, zunächst als freie Mitarbeiterin und Filmautorin, seit 1992 als Redakteurin verantwortlich für verschiedene Magazine und Gottesdienstübertragungen, seit 2003 für das Magazin „sonntags-TV fürs Leben".

Christian Feldmann, geb. 1950, war Korrespondent der *Süddeutschen Zeitung* und mehrerer Presse-Agenturen und lebt mittlerweile als freier Schriftsteller in Regensburg. Autor zahlreicher mehrfach übersetzter Biographien und Portraitsammlungen. Bei Herder u. a. *Elie Wiesel – Ein Leben gegen die Gleichgültigkeit; Wir hätten schreien müssen – Das Leben des Dietrich Bonhoeffer.* Aus Gründen der Diskretion will er nicht verraten, wo „sein" Kloster liegt. Er ist sicher, dass der Leser oder die Leserin ähnliche Erfahrungen in jedem anderen Konvent machen können.

Friedemann Fichtl, geb. 1938 in Lenzfried/Allgäu, hat Kunstgeschichte, Philosophie und Theologie studiert. Er war lange als Landjugendpfarrer für die sieben bayerischen Diözesen tätig und für die Weiterbildung für spirituelle Dienste zuständig. Er ist heute Pfarrer einer ländlichen Gemeinde in Oberbayern (Diözese Augsburg). Mehrere Veröffentlichungen.

Jakob Paul Gillmann, geb. 1953 in einem kleinen Dorf im Berner Oberland (Schweiz). Berufslehre und Weiterbildung zum Vermessungsingenieur. Nebenberuflicher Autor seit 1979. Verschiedene Buchpublikationen. Acht Hörspiele, Theaterstücke, Lyrik, Kurzgeschichten. Mehrere literarische Auszeichnungen. Autor und Sprecher der Rubrik „Zum neuen Tag" auf Schweizer Radio DRS. Lebt mit seiner Familie in Moosseedorf in der Nähe von Bern.

Klaus Hofmeister, Diplomtheologe, geb. 1960 in Meschede, arbeitet seit 1988 als Redakteur in der Kirchenredaktion des Hessischen Rundfunks. Herausgeber zahlreicher Sammelbände zu religionssoziologischen Fragen und zu Themen von Theologie und Zeitgeist. Herausgeber des Bandes *„Himmelswege – Erdenspuren. Spirituelles Leben in Orden und Gemeinschaften"* (2002). Er lernte das benediktinische Leben durch die Abtei Königsmünster und ihre Mönche kennen.

Lorenz Marti, geb. 1952, ist Redaktor Religion beim Schweizer Radio DRS und lebt in Bern. Sein Beitrag ist die gekürzte und redigierte Abschrift einer Sendung der Rubrik „Kontext" auf Schweizer Radio DRS2, ausgestrahlt im März 2000.

Markus Nolte, Diplom-Theologe, geb. 1966 in Paderborn, 1985 Eintritt in die Benediktinerabtei Königsmünster in Meschede. Studium Germanistik und Theologie. Nach Noviziat und zeitlicher Profess 1991 Austritt aus dem Kloster. Seit 1995 Redakteur bei *Kirche + Leben*, der Wochenzeitung im Bistum Münster. Freier Mitarbeiter bei „Eins Live", der jungen Radio-Welle des WDR. Er lebt in Münster.

Henri J. M. Nouwen, Theologe, Psychologe und spiritueller Schriftsteller (1932–1996) gab 1986 seine Karriere als Hochschulprofessor in den USA auf und war bis zu seinem Tod geistlicher Leiter der Archegemeinschaft „Daybreak" (einer Bewegung gemeinsamen Lebens mit behinderten Menschen) in Toronto/Kanada. Er lebte sieben Monate im Trappistenkloster Genesee Abbey im Staat New York. Über diese Zeit, in der er sich der monastischen Disziplin, den Regeln des Schweigens und der Handarbeit, der Kontemplation und der geistlichen Führung durch den Abt unterwarf, verfasste er ein Tagebuch („Ich hörte auf die Stille. Sieben Monate im Trappistenkloster"), das seit seinem Erscheinen im Jahr 1978 zum Klassiker der spirituellen Literatur geworden ist. Wir drucken mit freundlicher Genehmigung des Verlags Auszüge daraus.

Kathleen Norris ist eine preisgekrönte amerikanische Dichterin und Schriftstellerin. Sie lebt mir ihrer Familie in South Dakota. Als Oblatin des Benediktinerordens war sie neun Monate in St. John's Abbey in Collegevillage, Minnesota, USA. Ihr Beitrag ist ein Auszug aus ihrem im Goldmann-Taschenbuch erschienenen (inzwischen vergriffenen) Buch „Als mich die Stille rief. Eine Begegnung mit klösterlicher Spiritualität". Wir drucken ihn mit freundlicher Genehmigung von Random-House Deutschland. Die Originalausgabe erschien bei Riverhead Book, New York © Kathleen Norris.

Rainer Schildberger, geb. 1958 in Berlin, studierte Geschichte, Sport und Musik in Darmstadt, Berlin und Los Angeles. Freier Rundfunkautor im Bereich Feature und Hörspiel. Im Frühjahr 2002 erschien sein erster Roman: *Der Einflüsterer, Dahlemer,* Verlagsanstalt. Lebt in Berlin.

Andrea Schwarz, geb. 1955 in Wiesbaden. Ausgebildet als Industriekauffrau und Sozialpädagogin mit Qualifikationen in Supervision und Organisationsberatung, seit einigen Jahren in der Seelsorge tätig. Sie ist gefragte Referentin und vielfach übersetzte Autorin spiritueller Bücher. Lebt in Viernheim.

Johann Steiner, Mag. theol., geb. 1946, Psychotherapeut. Langjährige soziale, pädagogische und therapeutische Arbeit mit verschiedenen Randgruppen in Österreich und Frankreich, Entwicklungsarbeit in Afrika. (In Wien: bei der Caritas mit verschuldeten Einzelpersonen und Familien, mit obdachlosen Frauen, Leitung eines Wohn- und Arbeitsprojektes für psychisch Kranke. In Paris: Straßensozialarbeit mit gefährdeten Jugendlichen, Drogenabhängigen und Emigranten aus Afrika. In Marseille: Reintegrationsprojekt für Prostituierte. In Senegal, Westafrika: Entwicklungshilfe und ländliche Dorfentwicklung). Lebt in Wien.

Eva-Maria Streier, Dr. phil., geb. 1949, Studium der Anglistik, Amerikanistik, Geschichte und Politikwissenschaft in Mainz und USA (Middlebury College, Vermont). Assistentenzeit in Köln, Referentin und Studienleiterin im Cusanuswerk (Bischöfliche Studienförderung), Volontariat und Redakteurszeit bei der Kölnischen Rundschau, seit 1985 Leiterin des Bereichs Presse- und Öffentlichkeitsarbeit bei der Deutschen Forschungsgemeinschaft (DFG). Ehrenamtliche Tätigkeiten u. a.: Vorsitzende der Gesellschaft Katholischer Publizisten (1987-1993); Sprecherin des Foyers für Gespräche zwischen Kirche, Gesellschaft, Politik in Berlin; Beraterin der Publizistischen Kommission der Deutschen Bischofskonferenz; Vorsitzende des Freundeskreises der Abtei Burg Dinklage.

Martin Werlen OSB, geb. 1962 im Walliser Dorf Obergesteln, wurde am 10. November 2001 zum 58. Abt des Klosters Einsiedeln gewählt. Er trat 1983 ins Kloster ein. Nach dem Studium der Theologie und der Psychologie war er Novizenmeister, Internatsleiter und Studienpräfekt der Theologischen Schule. Er unterrichtet auch als Abt am Gymnasium und an der Theologischen Schule und ist Mitglied der Schweizer Bischofskonferenz. Rege Vortragstätigkeit im In- und Ausland.

Katrin Wilkens, geb. 1971 in Bremen. In Tübingen hat sie Rhetorik und Kulturwissenschaften studiert, in Heidelberg volontiert und seit 2000 ist sie als selbständige Journalistin in Hamburg tätig. Sie schreibt u. a. für den *Spiegel*, die *FAZ*, die *Zeit* und *Titanic*.

Michael Winter, Dr. phil., geb. 1946 in Braunschweig. Schriftsteller und freier Journalist. Tätig für deutsche Rundfunkanstalten, für die Süddeutsche Zeitung und für die Frankfurter Allgemeine Sonntagszeitung. Lebt und arbeitet in Koblenz und Teneriffa. Zahlreiche Veröffentlichungen, Hörspielreihen und Features für den Rundfunk. Unter seinen zahlreichen Buchpublikationen: Compendium Utopiarum. Lexikon der utopischen Weltliteratur von der Antike bis zur Französischen Revolution. Stuttgart 1978. – Claire oder die achte Reise Sindbads. Roman. Frankfurt am Main 1990. – Auf den Trümmern der Moderne. Satiren. Frankfurt am Main 1992. – Ende eines Traums. Essays. Stuttgart 1993. – Percy Warberger: Das große Spiel oder im Dickicht der Begehrlichkeiten. Roman (zusammen mit Harald Eggebrecht und Sten Nadolny). Berlin 1995. – Im Gewühle der Gefühle. Ein erotischer Verführer. Berlin 1996. – Pferdestärken. Die Lebensliebe der Claerenore Stinnes (Romanbiografie). Hamburg 2001.

Lebenskunst aus der Stille

Buch der Ruhe und Stille
Inspirationen aus dem Geist der Klöster
Band 5423
Der Kern der klösterlichen Tradition und Lebenskunst:
Den Alltag und das Bedürfnis nach Spiritualität in Einklang bringen.

Anselm Grün
Im Zeitmaß der Mönche
Vom Umgang mit einem wertvollen Gut
Band 5426
Mönche leben ihren Tag „qualitativ" – im strukturierten Ablauf,
voll von spiritueller Bedeutung. Arbeit und Kontemplation sind in eine
gute Balance gebracht.

Johannes Pausch/Gert Böhm
Gesundheit aus dem Kloster
Heilwissen ohne Risiken und Nebenwirkungen
Band 5425
Vom Nutzen der Heilpflanzen, vom rechten Umgang mit Lebens-
mitteln aber auch mit der Zeit erzählt der Hildegard-Therapeut, und
Kräuterexperte.

Werner Vullhorst/Engelbert Beule
Was Leib und Seele zusammenhält
Genießen, was wir brauchen
Band 5416
Ein Mönch und ein Spitzenkoch im Dialog über alles, was Leib und
Seele gut tut. Es gibt viele Wege zu Gott. Einer geht durch die Küche.

Bettina Weiguny
Das Beste aus dem Klosterladen
Natürlich genießen – Die besten Tipps
Band 5415
Ob Käse, Wein, Kosmetik: Produkte „made im Kloster" stehen für
achtsame Herstellung, außergewöhnliche Qualität, Reinheit und
Naturnähe. Überliefertes Wissen der Mönche.

HERDER spektrum